新法則化シリーズ

# 「国語」授業の新法則

## 基礎基本編

企画・総監修
向山洋一

編集・執筆
TOSS「国語」授業の新法則 編集・執筆委員会



学芸みらい社
GAKUGEI
MIRAISHA

巻頭言

# 「新法則化シリーズ」刊行にあたって

日本教育技術学会会長　TOSS代表　向山洋一

１９８４年「教育技術の法則化運動」が立ち上がり、日本の教育界に「衝撃」を与えた。「法則化」の本は次々と出され、ベストセラーになっていった。向山著はいずれも万を超える売り上げを記録した。教育雑誌も6誌が創刊された。そして20年の時が流れ、法則化からTOSSになった。

誕生の時に掲げた4つの理念はTOSSになった今でも変わらない。

1　教育技術はさまざまである。出来るだけ多くの方法を取り上げる。（多様性の原則）
2　完成された教育技術は存在しない。常に検討・修正の対象とされる。（連続性の原則）
3　主張は教材・発問・指示・留意点・結果を明示した記録を根拠とする。（実証性の原則）
4　多くの技術から、自分の学級に適した方法を選択するのは教師自身である。（主体性の原則）

そして十余年。TOSSは「スキルシェア」のSSに加え、「システムシェア」のSSの教育へ方向を定めた。これまでの30年の歩みは、はっきりと足跡を残し、書籍、雑誌は、数えきれない。常に教師の技量向上を目指し、またその時々の教育界のテーマをとらえ課題提起してきた。理念通りに歩んできたから多くの知の財産が残ったのである。

今年度、TOSSは新しく大きな一歩をふみ出した。新しい地を切り開いた。

第一は、新法則化シリーズ（全教科）の発刊である。

第二は、毎月１０００円程度の会費で利用できる「TOSSメディア」の発進である。

これまでの蓄積された情報をTOSSの精鋭たちによって、２０１５年発刊されたのが「新法則化シリーズ」である。

教科ごと、学年ごとに編集されている。日々の授業に役立ち、今の時代に求められる教師の仕事の仕方や情報が満載である。ビジュアルにこだわり、読みやすい。一人でも多くの教師の手元に届き、目の前の子ども達が生き生きと学習する授業づくりを期待している。

教育は不易流行である。30年の歩みに留まることなく、新しい時代への挑戦である。教師が学び続けることが、日本の教育を支え、前進させることである。

授業は流転することを求める。授業の変化の中に存在する。教師の教授活動と児童の学習活動の往復運動こそが授業である。

教師は、教師の教授活動と児童の学習活動の向上を永久《とこしえ》に求め続ける。

# まえがき

「国語の授業は難しい。何を教えてよいかさっぱりわからない。」

新卒教師の感想である。確かにそのとおりだ。算数や社会、理科の教科書には教えるべき内容が具体的に書かれている。

しかし、国語の教科書は教材が載っているだけで、何を教えればいいのかはっきり書かれていない。

本書はそのような悩みを持っている教師を対象にＴＯＳＳのベテラン教師が執筆した。

本書の特徴は次の三つである。

1　国語科教科書の学習内容を系統的にすべて収録した。
2　すぐ使えるように発問・指示・留意点を掲載した。
3　授業を安定させるための指導方法を詳しく紹介した。

授業がうまくいかないのは、リズム・テンポが悪いからである。リズム・テンポが悪いのは、教師のしゃべり過ぎが原因である。

子どもに学力をつけるためには活動を多くすることだ。

教師の指示を明確にし、子どもの活動を小刻みに多くする。そうすることによってリズム・テンポが生まれ、子どもは授業に集中するようになる。

本書では一教材を見開き二ページにまとめている。教師の発問・指示を極力短くするためにそのようにした。また、見開き二ページなので見ながら授業することもできる。

本書を最大限に活用し、教師も子どもも授業が楽しいと感じてくれることを切に願っている。

新法則化シリーズ国語担当　松藤　司

基礎基本編　目次

## 第3章 国語科指導の基礎基本

## 第4章 教科書はこう教える

# 第1章 授業が始まる前に必ずしておくこと

## (1) 教材研究

### ①絶対成功する授業のポータルサイト「TOSSランド」で授業参観に挑む

#### 1 十五分でできる教材研究「TOSSランド」

TOSSランドで「単元名」を検索する。

http://www.tos-land.net/

これが一番早くて確実である。「ごんぎつね」「大造じいさんとガン」などである。

単元によっては「全発問・全指示」が示してある。

プリントアウトして、ノートに貼っておくだけで準備完了である。十五分でできる。

ただし、参考文献が載せてあるサイトもある。この場合、原実践にあたることをおすすめする。原実践の方が授業に手ごたえを感じることが多い。

#### 2 子どもが熱中する「授業サイト」の準備

TOSSランドの「授業サイト」を電子黒板に映し出して授業をする。授業が視覚的にわかりやすくなり、子どもは熱中する。

現在、「授業サイト」だけでも二百を超えるコンテンツが登録されている。

私のおすすめの「授業サイト」は以下である。

1 「漢字のひつじゅん」許鍾萬氏
2 「【漢字の読み】フラッシュ」福原正教氏
3 「詩の暗唱」新川荘六氏
4 「漢字文化『家族を表す漢字の成り立ち』」神谷祐子氏
5 「物の名(もののな)」津下哲也氏

### 3　授業参観を、「TOSSランド」を中心に組み立てる

授業参観で、TOSSランドを中心として授業を組み立てた。五年生である。

四十五分の授業を次の六つのパーツで構成した。

1　「あかねこ漢字スキル」（光村教育図書）を使った「新出漢字」の指導……五分
2　「【漢字の読み】フラッシュ」福原正教氏のサイト……五分
3　教科書の音読（一人一文交代読み）……五分
4　「詩の暗唱」新川荘六氏のサイト……五分
5　「物の名（もののな）」津下哲也氏のサイト……二十分
6　「五色百人一首」……五分

授業のポイントは、次の三つである。

1　全員の子どもが活躍できる授業にする。
2　授業をコマ切れにする。
3　視覚に訴えたわかりやすい授業にする。

授業参観では、保護者はわが子の学習の様子を見にくる。

わが子が発表する場面、活動する場面を見に来る。だから、全員が活躍する場面がなければならない。「一人一文交代読み」をすると、全員に発表させることができる。

「物の名」の授業でも、多くの子どもが発表する。

同じ小学校に兄弟姉妹がいる保護者は、授業の全部を見ることができない。だから、授業をコマ切れにする。途中から授業を見てもわかるように組み立てるのである。

（東田昌樹）

第1章　授業が始まる前に必ずしておくこと

# （1）教材研究

## ②授業力が向上する三つの視点

国語の教材研究では、次のことをする。

1　教材文を手書きで視写する。
2　教材文を音読する。
3　すべての言葉を辞書で引く。
4　気づいたことを記入する。

### 1　教材文を視写し、音読をする

手書きで視写をすることで、気づくことがある。

「なぜ、この詩はここで一マス空いているのか。」

「なぜ、この言葉は漢字ではなくひらがなで書いてあるのか。」

「なぜ、この助詞を使っているのか。」

このような疑問が、授業の発問の骨格になる場合がある。

次にやるのが「音読」である。特に有名詩文の教材では、文章のリズムのよさに気づく。

視写も音読も、いずれも子ども目線の教材研究である。子どもが実際に授業の中ですることを、まずは教師がやってみるのである。

### 2　すべての言葉を辞書で引く

すべての言葉を辞書で引くことも、教材研究の基本である。助詞に至るまで辞書で引く。

通常の国語辞典だけでは十分ではない。ポイントとなる言葉は、複数の辞書を引く。中でも、次の辞書は国語の教材研究に欠かせない。


『基礎日本語辞典』森田良行著（角川学芸出版）

この辞書から発問が浮かぶこともある。学校と自宅に二冊置いておきたい辞書である。

## 3　気づいたことを記入する

私の教材研究ノートを紹介する。

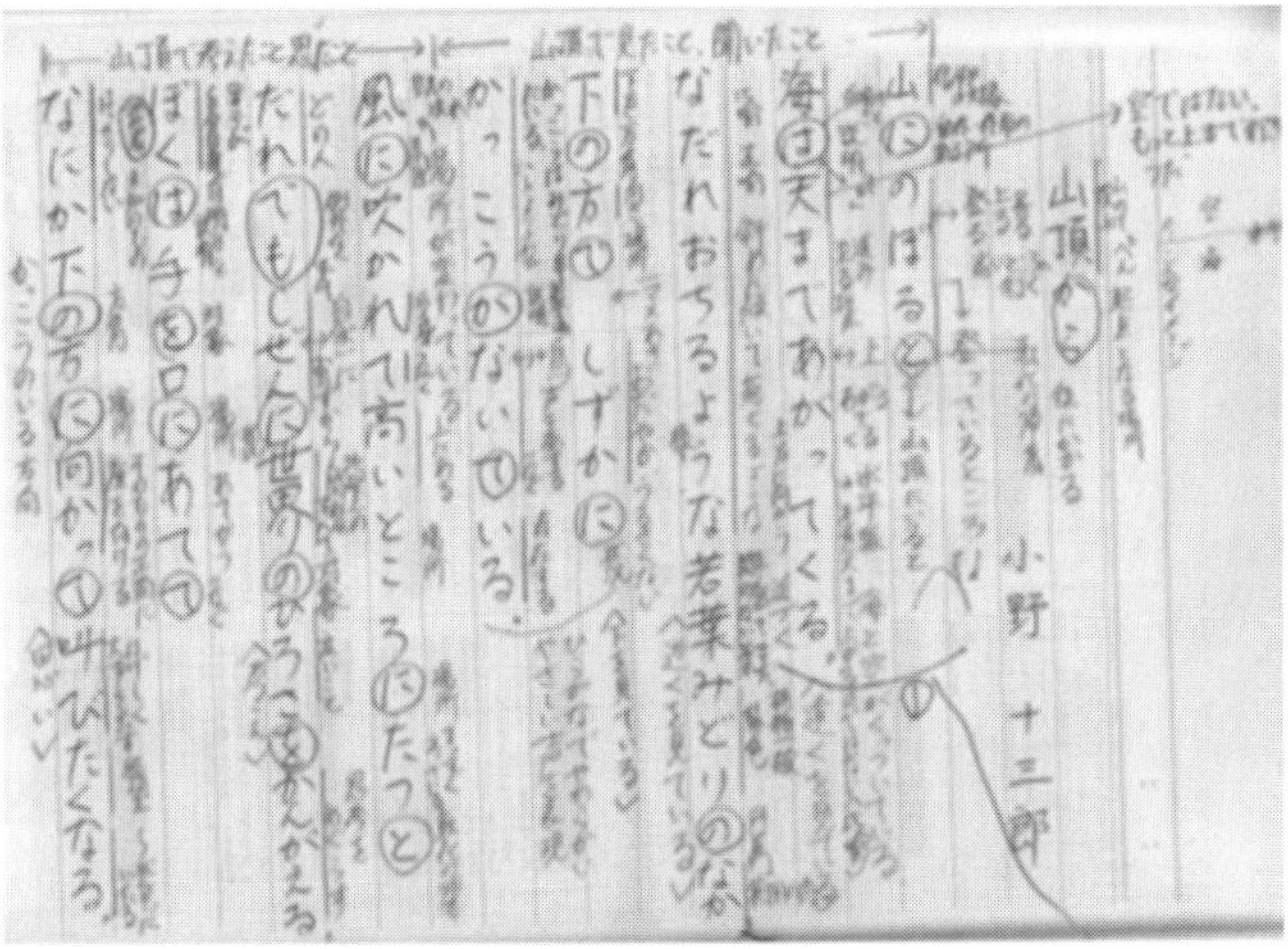

教材研究ノートの例

右記のように、気づいたことを記入していく。

記入していくうちに、この詩の「話者」の立場になる。

「話者はどこにいるのか。」
「話者は何を見ているのか。」
「話者は何を聞いているのか。」
「話者は何を考えているのか。」

話者の立場で考えることで、ふと発問が浮かんでくる。この詩では、連ごとに話者の立ち位置が違うことに気づいた。

そこで、実際の授業では次のように発問した。

| 発問　○連では、話者はどこにいますか。 |
|---|

すべての連で、この発問をした。

特に一連では、山頂か山頂ではないかで意見が分かれ、討論になり、授業が盛り上がった。

教材文をノートに視写し、音読し、気づきを記入したことでできた授業である。

（東田昌樹）

## （２）学力を上げる学習道具の準備 子どもの文房具を統一し、教師も準備する

### １ 文房具を統一する

子どもの学習環境を整えるために、文房具を統一する。特に、発達障がいの子どもたちにとっては、重要なことである。

【筆箱の中身】

| | | |
|---|---|---|
| ① | 削った２Ｂの鉛筆 | 五本 |
| ② | 研いだ赤鉛筆 | 二本 |
| ③ | よく消える白の消しゴム | 一個 |
| ④ | 透明のミニ定規 | 一個 |
| ⑤ | 蛍光ペン | 一本 |
| ⑥ | ネームペン | 一本 |

【小物入れぶくろ】

| | | |
|---|---|---|
| ① | はさみ | 一本 |
| ② | のり | 一本 |
| ③ | 三角定規 | 二種類 |
| ④ | 分度器 | 一枚 |
| ⑤ | コンパス | 一本 |
| ⑥ | 三十センチものさし | 一本 |
| ⑦ | クレパス（クレヨン） | 一種類 |
| ⑧ | とびなわ | 一本 |

数を指定することがポイントである。子どもが持ってこないことの指導も必要であるが、必要以上に持ってきて筆箱がパンパンにふくれてしまうのも指導が必要である。

文房具を指定する際、趣意説明が必要である。

例えば、「先生、シャープペンを持ってきていいですか。」と子どもが聞いてきたとする。当然、「だめです。」と教師はきっぱり言わないといけない。

時には、子どもが納得するように次のような趣意説明をすべきである。


学校は勉強ができるようになるための場所です。手と脳はつながっています。シャープペンでは力が入らなくても書けます。脳が働きにくくなります。

また、「止め」「はね」「はらい」がうまくできません。

さらに、芯がポキポキ折れます。集中して勉強できなくなります。

## 2　教師が必要な文房具を準備する

子どもが忘れ物をする。たとえば、「鉛筆」「赤鉛筆」「ミニ定規」「下敷き」。どれも、日常的に必要なものである。

これらの対応は簡単である。教師のものを貸し出せばいい。

教師は、削った「2Bの鉛筆」「4Bの鉛筆」「赤鉛筆」をそれぞれ一ダースずつ用意しておく。「ミニ定規」も「下敷き」も十ほど準備しておく。それらを貸し出せばいいのである。

生活指導と学習指導を分ける。

「忘れ物をしないようにする」というのは、生活指導である。「報告」（○○を忘れました）、「謝罪」（すみませんでした）、「対応」（貸してください）の三つをすることは、むろん教えなければならない。

しかし、忘れたからといって、下敷きを使わないで学習をするというのはおかしい。文房具は、きちんとしたものを使って学習をすることを指導しなければならない。これが「学習指導」である。

だから、教師の文房具を貸し出すのである。


（東田昌樹）

第2章 国語科授業黄金の三日間

## （1）一時間目の流れ

### ①大切なことは趣意説明をし、なぜやるのか納得させる

#### 1 国語を勉強する意味を説明する

授業が始まったら次のように言う。


みなさんは、物事を考えるとき頭の中で何を使いますか。（子どもたちは「言葉」と答えるだろう。）

そうですね。「言葉」を使って考えますね。では、自分の考えを相手に伝えたり、相手の考えを理解したりする時は何を使いますか。

これも、言葉ですね。さまざまな情報も言葉を正しく理解できなければ手に入れることはできませんね。人間が生きていくうえで、言葉を正しく書いたり、理解したりする力はとても大切です。

正しく読む力、正しく書く力、正しく話す力、正しく聞く力、このような力をつけるために国語のお勉強をするのです。今年、一年頑張って勉強しようね。

#### 2 鉛筆、下敷きを使う意味を説明する

次に、鉛筆、下敷きを使う意味を説明する。


勉強する時は、シャープペンではなくて鉛筆を使います。正しい文字を書くには、指に力を入れて濃く書かなければなりません。シャープペンだと、指に力を入れると芯が折れてしまいますね。だから、鉛筆を使います。

下敷きも、使います。下敷きがないとノートにでこぼこができて、きれいな文字が書けません。

今日忘れてしまった人は、明日必ず持ってきなさい。

#### 3 教科書の使い方を教える

教科書を机の上に置かせる。次のように言う。

指示1　国語の教科書を出しなさい。出したらシャキッと姿勢をよくします。

全員、机の上に教科書を出したことを確認してから次の指示を出す。

| 指示2　これから、教科書にアイロンをかけます。 |
|---|

そして、趣意の説明をする。

| 説明　こうするとね。教科書が開きやすくなります。その方が勉強もはかどりますよね。 |
|---|

次のように、教師が手本を示し、まねさせる。

手順1　表紙をめくる。
手順2　見開きの状態で置く。
手順3　手のひらを教科書の真ん中に置き、上下に動かす。アイロンをかけるようにゆっくり上下に動かす。
手順4　真ん中あたりを開く。そして、同じようにアイロンをかける。
手順5　最後のページと裏表紙の間にアイロンをかける。

できたら、「みんな、よくできました。素直な子は勉強ができるようになります。」とほめる。

次に、目次のページを開かせる。そして、単元ごとにどんな勉強をするのか短く簡単に説明する。ある程度見通しをつけさせることができればよい。

（星野裕二）

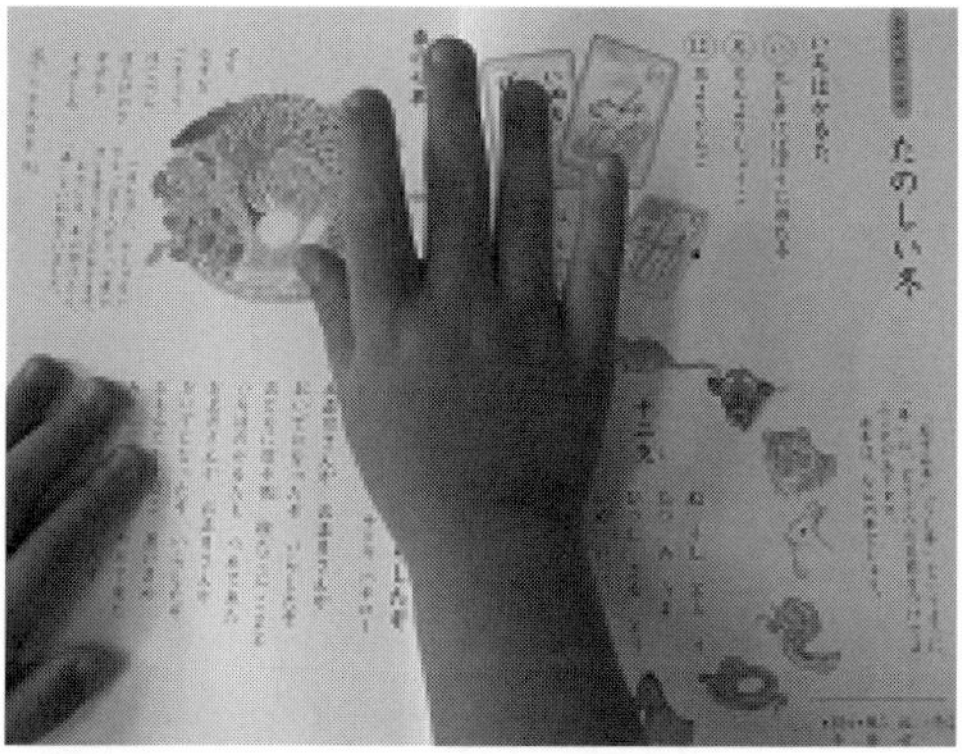
教科書が開きやすくなるように手のひらで「アイロン」をかける

## （1）一時間目の流れ

### ②とびらの詩を取り扱う
### 子どもが熱狂するタケノコ読み

教科書にある、とびらの詩を授業する時のコツは、

> 音読のバリエーションを駆使し、変化のある繰り返し

で授業を組み立てることである。

**1　音読した回数の記録方法を教える**

教科書のとびらの詩が書いてあるところを開かせる。そして、言う。

> 指示1　題名を指さしなさい。

全員が指さしたのを確認したら、次の指示を出す。

> 指示2　題名の右側に、○を十個書きます。大きさは五円玉の穴ぐらいです。一回読んだら一個、赤鉛筆で○の中を塗ります。

教師は、黒板に題名を書いて、その右側に○を十個書いて見せるといい。

子どもたちの教科書は左の写真のようになる。

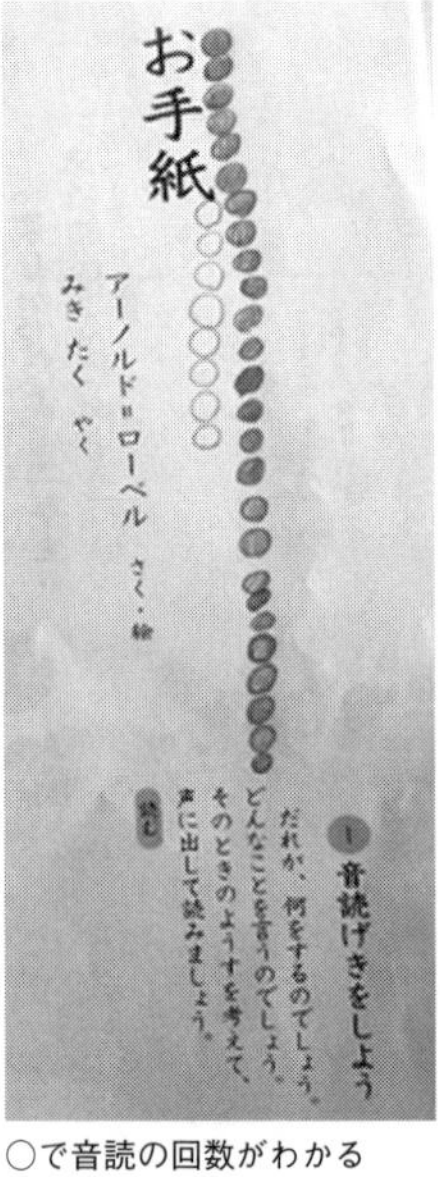

○で音読の回数がわかる

この児童の○の数は十個を超えている。これは、後から付け足したからである。家でやってきた子を大いにほめると、こういう子が続出する。

## 2　音読指導の実際（児童熱狂！　タケノコ読み）

まずは、教師が範読をする。

次に、「つれ読み」をする。教師が読んだ部分を児童に読ませる。基本は一文であるが、長い場合は句で区切って読ませるとよい。

黄金の三日間の授業であるから、音読の姿勢も指導する。一番いいのは、姿勢のよい子を「○○さん、姿勢がいい。教科書もきちんと持っている。」などとほめるのである。一人がほめられるとそれは、周りに波及する。「お、みんな姿勢がよくなったなあ。」とほめる。学習技能はほめると定着するのである。

姿勢よく音読させる

次は、全員を立たせてそれぞれに読ませる。

「全員起立。バラバラでいいですから、三回読みなさい。読み終わったら座って読んでいなさい。読み終わったら○を塗っていいですよ。」と指示する。

次に、一文交代読みをする　教師対児童、お隣同士で、男女でなどと変化させると児童は集中する。この辺になるとほとんどの子がすらすらと読めるようになる。

ここで、タケノコ読みの登場である。これは、子どもたちが熱狂する楽しい音読法である。特に低学年、中学年におすすめである。

手順を示す。

1　詩の中で自分が立って読みたい文に線を引く。
2　選んだ文のところにきたら立って読む。読んだら座る。
3　ほかの友達と息を合わせて読む。
4　全部読んでもいいけれども、必ず、一回ごとに座ってから読む。

「だれも立たないところは、先生が読んじゃうぞ。」と挑発すると、先生には読ませないぞと盛り上がる。

（星野裕二）

## （2）二時間目の流れ

### ①漢字学習システムで授業システムをマスターする

漢字指導は毎日の授業の中で行う。

これが、漢字指導の最重要ポイントである。

その漢字指導に最適の教材がある。

ＴＯＳＳが開発した「あかねこ漢字スキル」である。

一週間を一サイクルとして、新出漢字を習得させるシステムになっている。

一週間のサイクルは次の通り。

月曜日↓漢字を覚えるページを開くと約十個の新出漢字の書き順、読み方、使い方が出ている。この半分を覚える。

火曜日↓残りの半分の漢字を覚える。

水曜日↓テストの練習のページを開きテストの練習をする。

木曜日↓テストをする。

金曜日↓一回目のテストで間違った漢字だけ、再度テストをする。間違った漢字だけやるというのがポイント。間違った漢字だけに限定するからやる気がでるのである。

必ずしも月曜日から始めなければならないことはない。五日間で約十個の漢字を覚えるシステムなのである。

新出漢字を覚えるには、三つのステップがある。

#### 1　指書き

これは、漢字の書き順を見ながら、机に指で書く練習である。書き順を見なくてもすらすら書けるまで行う。

この時の留意点を三つ挙げる。

**（1）書き順は声に出して言わせる**

山という漢字なら「イチ、ニーイ、サン。」と言いながら指書きをさせる。声に出すことで脳が活性化し暗記力が高まる。

**(2) 人さし指の「腹」をきちんと机につけさせる**

こうしないと、漢字の形をいい加減に覚えてしまう児童が出てくる。子どもたちには「指からの刺激は非常に脳に伝わりやすいんだよ。」と教えるとよい。

**(3) 筆順を覚えるまでは絶対に鉛筆を持たせない**

子どもには、「見ないでも正しい書き順で書けるようになったら鉛筆を持つのですよ。」と教えてやる。また、見ないで天井に続けて二回書けたら鉛筆を持ちなさい。」というようにやる方法もある。

これは、新出漢字を習得するうえでの、最大のポイントである。

## 2　なぞり書き

うすく書いた漢字を鉛筆でなぞる。この時にもいくつかの留意点がある。

**(1) 正しくなぞらせる**

子どもには、「一ミリでもずれたらやり直し。」と繰り返し教える。この言葉によって子どもは緊張して、ずれないように書こうとするようになる。

**(2) 書き順を声に出して言わせる**

そうすることによって脳が活性化する。また、集中力も増し定着度も向上する。

## 3　写し書き

これは、何も書いていないマスに正しく書き写させることである。手本をよく見て、マスから字がはみ出ないように正しく書くようにさせる。

これらを実際に「あかねこスキル」を使って指導するとよい。この教材には、教師用に使い方を書いた冊子がついている。それをよく読んで正しい使い方をすれば、子どもたちに必ず力をつけることができる。

（星野裕二）

## （2）二時間目の流れ

### ②とびらの詩を扱う
### 知的な発問、知的な指導システムを駆使する！

とびらの詩を扱っての授業はさまざまな入り方がある。黄金の三日間で「とびらの詩」を扱う時のポイントは、知的な楽しい授業をして、「先生の国語の授業はおもしろい。」と思わせることである。

ではそのためにはどのような準備をすればいいのか。コツを二つ紹介する。

**コツ1　知的な発問を準備する**

知的な発問とは次のようなものである。

A　全員が思考可能な無理のない発問。

B　子どもたちの考えがいくつかに分散する発問。

C　できる子が間違い、できない子が正解するような、教室に逆転現象を起こす発問。特に黄金の三日間で実現したいのはC、つまり逆転現象が起こるような発問である。これによって、学級の中にある差別意識を解消し、自由で平等な人間関係を築くのである。

しかし、そのような発問を作り出すには、かなりの教材解釈力と授業力を必要とする。

では、そのような力がない教師はどうしたらよいのか。一つは、優れた実践の追試をすることである。インターネットで「TOSSランド」を検索すると、短時間でたくさんの実践を見つけることができる。すべて、指示、発問が示されている。

**コツ2　扉の詩を向山型暗唱指導システムで授業する**

（1）扉の詩を黒板に書く。

（2）「全員起立。一回読んだら座りなさい。」と言って読ませる。

（3）教師が、詩の各行の語尾の方を一文字ずつ消してしまう。そして読ませる。

（4）今度は、半分ぐらいを消してしまう。そして読ませる。

（5）さらに、それぞれの行の一文字だけを残して後は、全部消してしまう。

（6）最後は、すべて消して読ませる。

（7）暗唱テストをする。

これが、暗唱テストまでの流れである。だんだんと消していくことで、暗唱の仕方を学ばせるのである。

暗唱できた子は教師のところに来させて、テストをする。

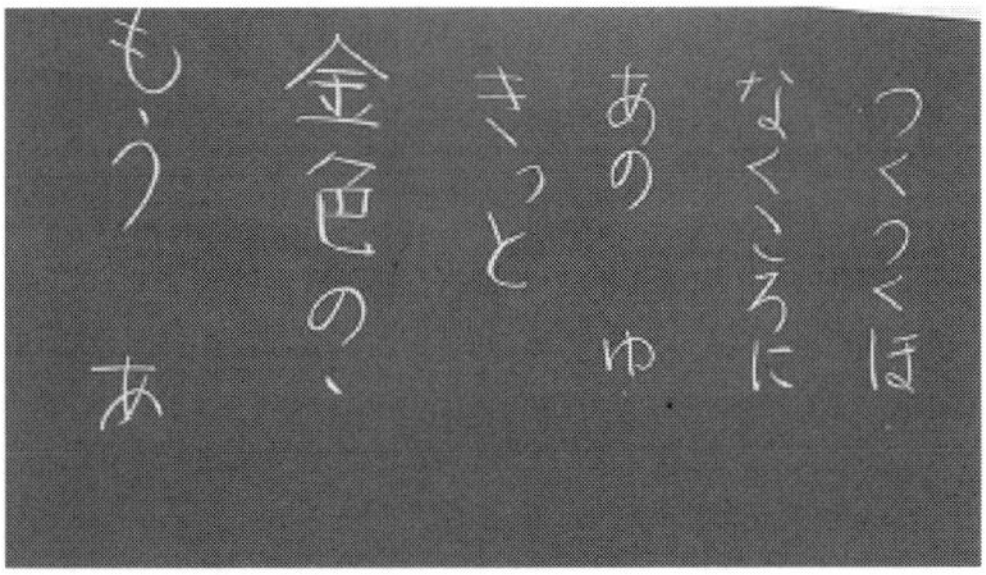


文字を下から消して読ませる（まど・みちお「赤とんぼ」／光村図書 こくご二下より）

この時のポイントは、「厳しくテストする。」ことである。「厳しく」とは、叱ったり、怒鳴ったりすることではない。「ほんのちょっとのつかえもなく、水が流れるように読めた時だけ、合格。」とするのである。ほんのちょっと、考えたり、ほんのちょっと言い間違えても、即、「不合格」にすることである。

これで、子どもたちの緊張度は最高潮に達する。合格した子は大喜びである。合格した子は小先生になれる。教室のあちこちでにぎやかに検定が行われ大いに盛り上がる。クラスの子どもたちのコミュニケーションも広がるのだ。

この暗唱指導は一年間継続的に実施する。一年間で二十～三十ぐらいの名文詩文を暗唱させるのである。名文詩文を暗唱することにより、子どもたちには言語感覚が向上したり、作文力が向上したりするメリットもある。

東京教育技術研究所で開発した「暗唱直写スキル」には、えりすぐりの名文詩文が満載されている。向山型暗唱システムでできているので、マニュアルどおりにやれば子どもたちの暗唱力は確実に向上する。

（星野裕二）

## （3）三時間目の流れ　0〜10分
## 【漢字練習】子どもだけで学習する漢字指導システムの構築

### 1　授業の始まりはいつも「漢字スキル」

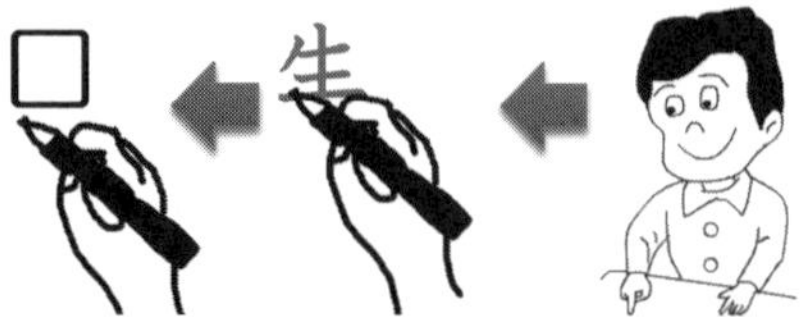


授業の始まりはいつも「漢字スキル」を使った漢字練習を行う。これが毎時間の授業のシステムとなり、安定する。

①指書き
筆順を見ながら机の上に練習。画数を唱えながら行う。筆順を見ないで書けるようになるまで続ける。
②なぞり書き
鉛筆でなぞる。はみ出さないようになぞる。
③写し書き
四角の白いマスに丁寧に書く。

### 2　漢字練習の方法

教師が「漢字スキル」と言っただけで、子どもたちが書き始める。これが理想の状態である。

それまでは、次のように行う。

指示1　「あかねこ漢字スキル」を出しなさい。今日は、はじめの四つの漢字を練習します。
指示2　スキルの右下を見なさい。
発問1　一番目に、何をすると書いてありますか。(指書き)
説明1　指書きとは、机の上に指で漢字を書くことです。
指示3　スキルにある筆順を見て、覚えるまで何度も机に書きなさい。書くときは、いち、に、さんと、筆順を言いながら書きます。

指の腹を使って書いているかを見る。「○○さん、しっかり画数を唱えながら書いていますね。」とほめると、意識して声を出すようになる。

指示４　もう覚えたと思ったら、スキルを見ないで書いてごらんなさい。

子どもたちはしだいに見ないで書けるようになる。

発問２　次は何をしますか。（なぞり書き）

字がうすく書いてあるお手本をなぞらせる。

指示５　うすい字から一ミリもはみ出さないようになぞりなさい。

「急いで雑に書くよりも、ゆっくり丁寧になぞった方が、字を覚えること。」「はみ出したら書き直しさせること。」を伝える。

発問３　次は何をしますか。（写し書き）

指示６　一画目だけがうすく書いてあります。これをスタートにして、お手本そっくりの字を書きなさい。

指示７　一つ書けたら、その下にも書きます。最後の一つは、上の字を見ないで書いてごらんなさい。

覚えているので書くのが速くなる。

指示８　正しく覚えたかどうか、確かめます。空書きをします。人さし指を上げなさい。
指示９　（空中に書くので空書きということを伝え、）先生と一緒に。さんはい。

筆順を唱えながら書かせる。

空書きをすると間違っている子をすぐ見つけることができる。間違いを指摘しやり直す。

残りの漢字も同様に、指書きから始めさせる。

（野崎史雄）

## （3）三時間目の流れ　10〜25分
## 【第一教材の音読】変化のある繰り返しで音読が好きになる

必ず一人で読む場面をつくる。

### 1　隣の人と交代読み

隣の人と一文交代で読む方法は、自分が必ず読まなくてはいけないので、ごまかしがきかない。全体でなかなか読もうとしない子にも効果がある。

もちろん、一人で読む前に次のような音読練習が必要である。

**（1）教師の追い読み**

教師が一文読んだら、同じところを追って読む。

**（2）教師と一文交代読み**

教師が一文読んだら、次の一文を読む。

しかし、子どもたち全員が音読をしていると、一人一人が確実に読んでいるかどうかのチェックをするのが難しい。そこで、「隣の人と交代読み」である。

> 指示1　隣の人と交代読みをします。一人が一文読んだら、隣の人は次の文を読みなさい。

初めのうちは、「右側に座っている人からどうぞ。」などと声かけをすると、スムーズに進められる。

このように、授業中に必ず一人で読み、それを聞いている人がいるという場面を作る。

## ２　リレー読み

一人一文ずつ順番に次々に交代して読んでいく方法。自分一人の音読を全員に聞いてもらう。

リレー読みは、座席の横方向に交代していく次のような順番がおすすめである。

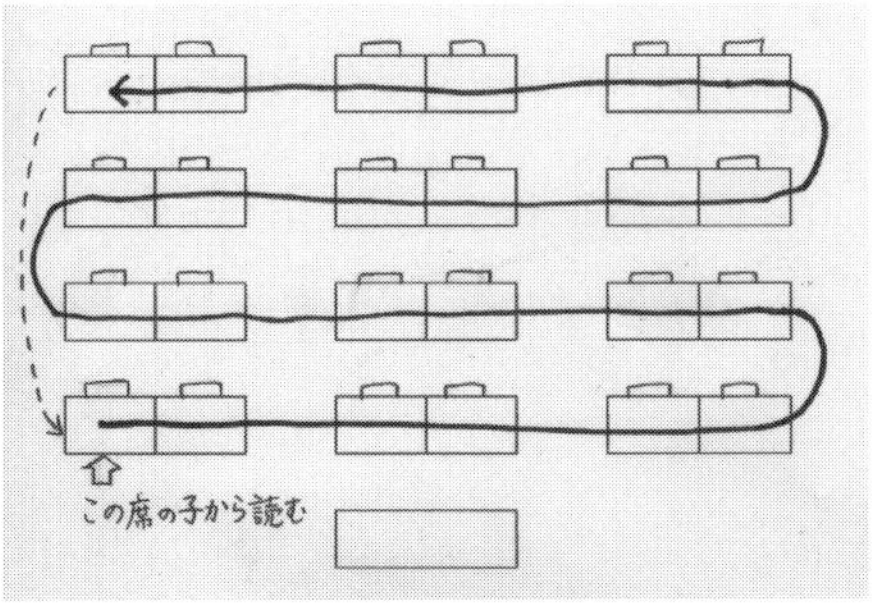


この方法は、一人が読んでいるのをクラス全員が聞いているので、緊張感が出る。子どもたちも真剣に取り組まざるをえない。隣の人との交代読みの後に、リレー読みをさせる。

指示２　リレー読みをします。（座席が教室右側一番前の）〇〇さんからどうぞ。

## ３　たけのこ読み

教師の指名なしで、読みたい文を立って交代で次々と読んでいく方法。

指示３　たけのこ読みをします。読みたい人が、読みたいところを立って読みます。何人で読んでもいいです。

始める前に、読みたい文に〇印をつけさせる。最初に読ませる量は、教科書一ページ程度。一文交代読みである。読ませた後に評価する。「一文でも読んだらA。」「読もうとしたけれども読まなかったはB。」「読む気がなかったはC。」これだけで意欲が変化する。やがて、一人ずつ一文交代で読む「指名なし音読」へもつながっていく。

（野崎史雄）

## （3）三時間目の流れ　25〜30分 【ノート指導】うっとりするノート指導の第一歩

ノート指導では、まず「1　日付の書き方」「2　問題の書き方」「3　答えの書き方」の基本型を教えて、その後チェックする。

チェックするのは次の四点。

> ①日付が書いてある。
> ②問題が定規で引いた線の枠で囲んである。
> ③行から字がはみ出していない。
> ④文の場合、句読点がついている。

これらを一度に全部チェックするのではない。初めは教師が黒板にお手本を書いてみせる。その後持ってこさせ、指示通りできた子をほめる。できていない子はやり直しをさせる。四月最初で、簡単なことだからこそ、すぐやり直しができる。

例えば、次のようなノートになる。

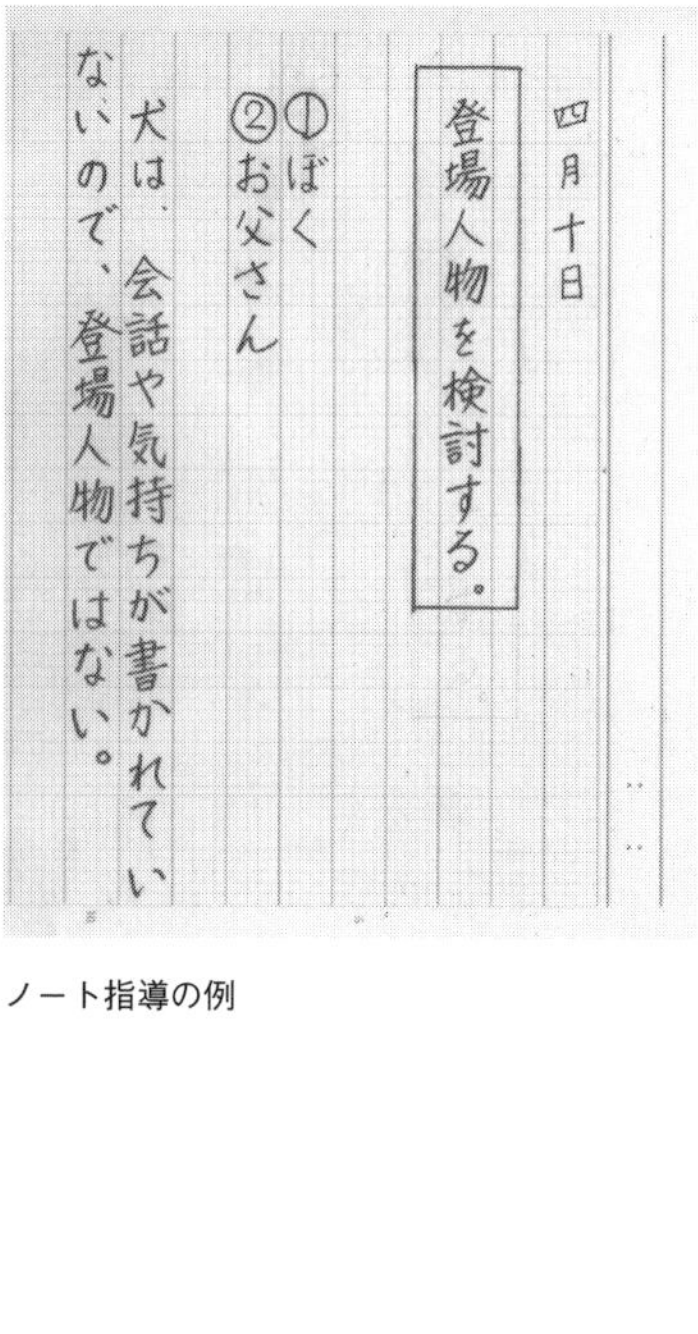
四月十日
登場人物を検討する。
①ぼく
②お父さん
犬は、会話や気持ちが書かれていないので、登場人物ではない。

ノート指導の例

### 1　日付の書き方【基本型】

> 指示1　ノートの最初の一行に日付を書きなさい。「四月十日」と漢数字で書きます。書けたら、持ってきなさい。

日付だけをチェックする。漢字で書いていない子、行の外に書いている子、行からはみ出している子、字が小さい子など、教師の指示通り書いていない子は、やり直しをさせる。最初の指示を徹底させなければならない。

## 2　問題の書き方【基本型】

> 指示2　日付から一行空けます。上一マス空けて問題を書きなさい。

この後、教師がチェックする。または隣同士でチェックさせる。

> 指示3　問題を枠で囲みなさい。

枠の線は、行間に定規で引かせる。ここは教師がチェックする。できたらほめる。「教えてほめる」ようにする。

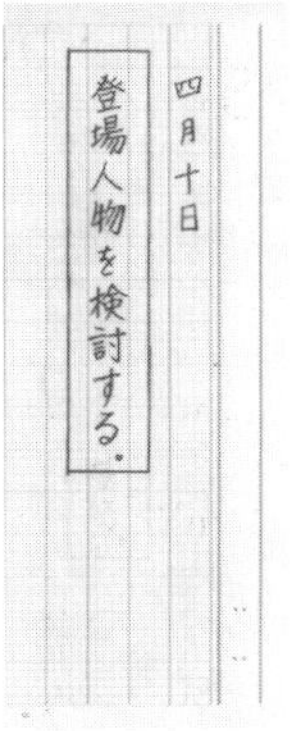
四月十日
登場人物を検討する。

## 3　答えの書き方【基本型】

> 指示4　答えを書くときは、一行空けて、文の最初は一字下げなさい。

答えを文で書くときは、句読点までつけることを確認する。

> 指示5　一つ書けたら持ってきなさい。

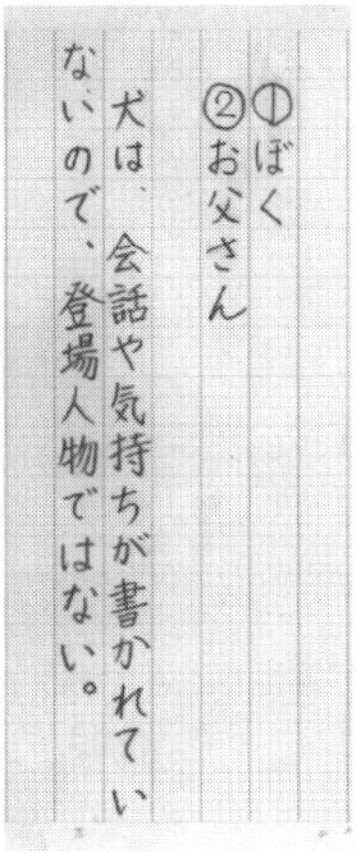
①ぼく
②お父さん
犬は、会話や気持ちが書かれていないので、登場人物ではない。

一時に一事でやってみせて、させて、ほめる。それでもできない子もいる。その子には、教師がノートに赤鉛筆でうすく書いたところをなぞらせる。なぞることができたらほめる。前より少しでもできるようになったら、力強くほめる。

（野崎史雄）

## （3）三時間目の流れ　30～45分
### 【言葉調べ】言葉調べが楽しくなる四つのポイント

言葉調べのポイントは四つ。

1 わかっているつもりの言葉を問う。
2 調べる言葉を教師が指定する。
3 辞典をいつでも引いてよい。
4 あえて答えを教えない。

**1 わかっているつもりの言葉を問う**

最初から、わからない言葉を調べさせる方法もあるが、次の方法を使って、国語辞典で調べることの興味・関心を高めることができる。

発問1 「青」の意味は何ですか。

指示1 国語辞典を作る人になったつもりで、「青」の言葉の意味をノートに書きなさい。

この後、発表させる。

私の学級では、「海の色」「空の色」「信号機の色」などの答えが出た。

説明1 国語辞典には、このように書いてありました。晴れた空のような色。

「おおっ。」「へえー。」「おしい。」などの声が出て盛り上がった。

説明2 一見わかっているようで、うまく説明できない言葉もありますね。わかっていると思っている言葉でも、国語辞典で調べてみると、新しい発見があるかもしれませんよ。

## 2　調べる言葉を教師が指定する

「わからない言葉を国語辞典で調べなさい。」

と言われても、わからない言葉を探すだけで時間がかかってしまう子もいる。どの子も同じスタートで意味調べができるように、調べる言葉を教師が板書するという方法がある。

> 指示2　今から、黒板に言葉を書いていきます。
> 　その言葉の意味を国語辞典で調べなさい。

教師があらかじめ調べてほしい言葉を選んでおく。

## 3　辞典をいつでも引いてよい

わからない言葉が出てきたら、すぐに国語辞典を引いてよいことにする。慣れてくると、友達の発言を聞きながら、辞典を引いて反論するような子も出てくる。「Bさんは、～と言ったけど、辞典には～と書いてあるからちがうと思う。」など。

国語の時間だけとは限らない。むしろ、社会科や理科の時間の方が、子どもたちにとってわからない言葉がたくさん出てくることもある。

そこで、授業中は机上に辞典を置くようにさせる。

## 4　あえて答えを教えない

子どもたちが作文などを書いている時、

「先生、○○ってどんな漢字ですか。」

「先生、○○って何ですか。」

などと聞きに来ることがある。こんな時はあえて教えない。

「辞書を引いてごらん。」

「先生知らないなあ。調べて教えてよ。」

と返すと、子どもたちは自分で調べ、喜んで教えてくれる。


子どもたちが教えてくれたら、大いにほめる。

「へえ、そんな意味だったんだ。」

「すごい。よく調べたね。」

「みんなちょっと聞いて。C君が意味を調べて大発見をしたよ。C君、みんなに教えて。」


（野崎史雄）

## (1) 基本的な一時間の流し方
## 授業をパーツで組み立てる

子どもの集中力を持続させるには、一時間の授業をいくつかのパーツに分け、「音読」「読む」「書く」「話す・聞く」など、いろいろな種類の活動を取り入れるのがよい。ここでは、文学教材を数時間単位で扱う場合の、基本的な一時間の流し方を述べる。

### 1 漢字（五分）

指示1　漢字スキル。〇ページ。

授業の開始と同時に、漢字スキルを始める。端的な指示で取りかかれるように習慣化しておく。漢字スキルを採用していない場合でも、「授業の始まりは漢字」と決めておけば、授業が安定する。

### 2 音読（五分）

指示2　教科書〇ページ。先生の後について読みます。

短い教材文なら通読する。長いものなら、後の発問に関わる部分に限定して音読することもある。「追い読み」「交替読み」「リレー読み」「一斉読み」など、バリエーションを変えながら音読する。音読は、発表や討論のための声を鍛えるトレーニングでもあるので、音読練習をしっかりさせておく。

### 3 発問

発問1　話者は幸せですか、不幸せですか。
指示3　ノートに「幸せ」か「不幸せ」と書きなさい。

一時間の授業で主発問は一つ。ただし、いきなり主発問を出すのが難しければ、助走発問を入れる場合もある。発問は、答えがいくつかに分裂し、それぞれに根拠があるようなものがよい。意見が真っ二つに分かれるような発問が理想だ。

## 4　ノートに意見を書く（七〜八分）

> 指示4　そう考えた理由をノートに書きなさい。
> 説明1　意見を書く時は発表のためのメモ程度でかまいません。自分が発表できるように準備しておきなさい。

意見を文章で書かせると時間がかかり、討論まで行き着かないことがある。詳しく書くのは、授業最後のまとめの時である。

> 指示5　書けたらノートを見せにきなさい。

ノートチェックをして、子どもがどんな意見を書いているのか把握する。「これは！」という意見を書いている子を覚えておき、あとで討論の時に活用するためである。

> 指示6　黒板に意見を書きなさい。意見の下に名前を書いておきなさい。

討論になりそうな意見を書かせる。名前を書かせるのは誰の意見かわかるようにするためである。

## 5　発表（七〜八分）

> 指示7　話者は幸せだと思う人？　不幸せだと思う人？

人数を確認して黒板に書く。

> 指示8　黒板の意見を順番に発表します。

黒板に意見を書いた子に発表させる。一通り終わったら、ほかに意見がないか確認する。

## 6　討論（十五分）

まず、出された意見を整理していく。似たような意見をまとめたり、おかしいと思う意見を指摘させたりして、一つずつ消していく。最後に残った二つの意見で討論をさせる。

## 7　まとめ（五分）

授業を通して考えたことをノートに書かせる。ここでは、文章で長々と書いていく。「なぜなら」「ということは」「もし……ならば」などの文型を使って、長く詳しく書かせていく。

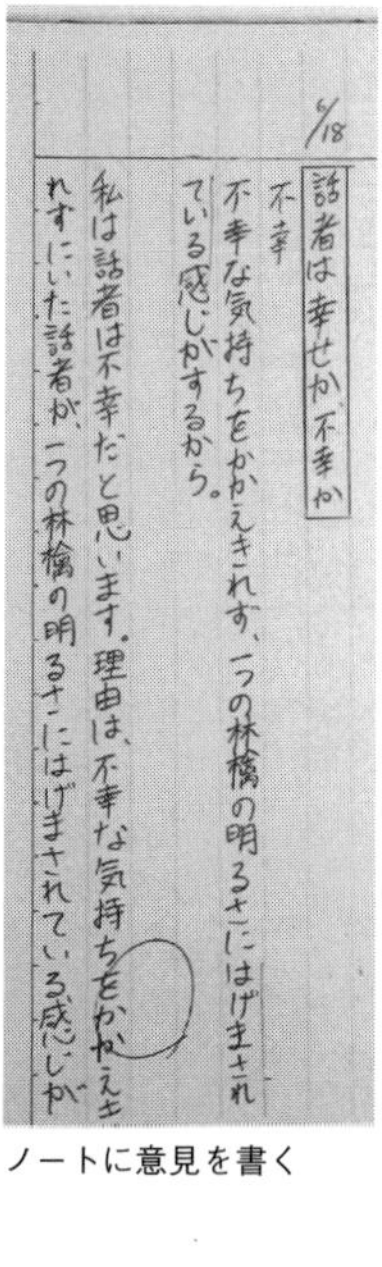

ノートに意見を書く

（村上　睦）

## （2） 黒板の使い方 板書は見やすく、黒板は子どもに開放する

黒板の使い方で最も基本的なことは、

授業に必要なものだけで構成する。

ことである。

たとえば、掲示物は一切貼らないのが望ましい。発達障がいの子は、授業に関係ない掲示物に注意を奪われて、集中できないことがある。

また、子どもが意見を書く時に広く使えるように、最大限のスペースを確保しておく。黒板の端に「日付」「当番」を書き、「ネーム磁石」を貼っておくぐらいである。

以下、教師が板書する場合と、子どもが板書する場合に分けて、黒板の使い方を述べる。

### 1 教師が板書する場合

教師が板書する時のポイントは、

シンプルに、見やすく書く配慮。

である。

#### ① 色に関する配慮

使うチョークの色は、あまり多くない方がよい。

基本は白。強調は黄色。

通常、使う色は白である。緑地に白が、視覚的に最も見やすいと言われている。青や赤のチョークもあるが、黒板に書くと非常に見にくい。後ろの席からはほとんど見えないし、色弱の子にも辛いだろう。

強調したい箇所は黄色で書くようにする。蛍光オレンジのチョークがあれば、それでもよい。ノートに書く時は赤鉛筆で書くように教えておく。

#### ② 光に関する配慮

教師の立ち位置からは気づきにくいが、黒板に光が反射すると非常に見えづらい場合がある。

反射する場合はカーテンを閉める。

特に、窓の反対側の座席から見ると、窓から入った光が黒板に反射して見えづらいことがある。

## 2　子どもが板書する場合

子どもに意見を板書させる時には、次の点に配慮する。

・同時に何人も書けるように、チョークをたくさん置いておく。

・きれいにそろえて書けるように、「・」を等間隔に書いておく。

その上で、次のように指示する。

**指示1　丸の下に縦書きで書きなさい。**

順番はバラバラでよい。書ける場所から書かせていく。

**指示2　意見の下に名前を書きなさい。**

名前があると、あとで発表の時にわかりやすい。

**指示3　みんなが読むための字なので、大きく丁寧に書きなさい。**

雑に書く子には書き直しをさせる。

**指示4　しゃべらずに素早く書きなさい。**

黒板の前でしゃべったり、ふざけあったりしているとテンポが悪くなる。

（村上　睦）

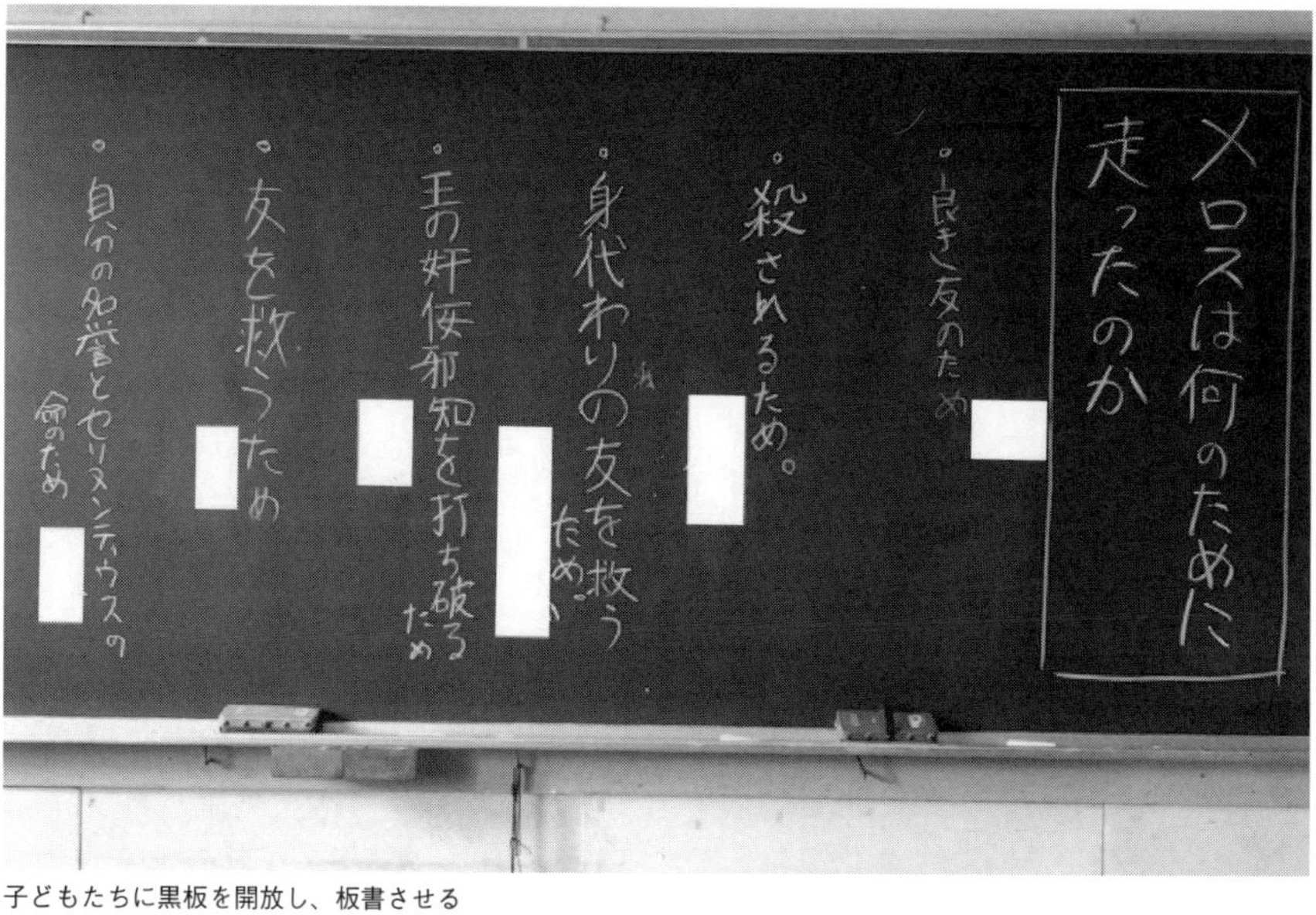


子どもたちに黒板を開放し、板書させる

# (3) ノートの書き方

## ①使用するノートを統一する

ノートは、「TOSSノート」が断然オススメである。以下、TOSSノートの特長を述べる。

### 1 考え抜かれた罫線

第一の特長は、次である。

書きやすさ、見やすさに配慮された罫線

① 罫線がうすい水色で、目にやさしい。

② タテ、ヨコ両方向に罫線が入ってマス目状になっているので、原稿用紙のように字をそろえて書ける。

③ 罫線の色が変えてあり、一方がうすいので、読む時には邪魔にならない。また、コピーには写らないので、子どものノートを印刷した時に非常に見やすい。

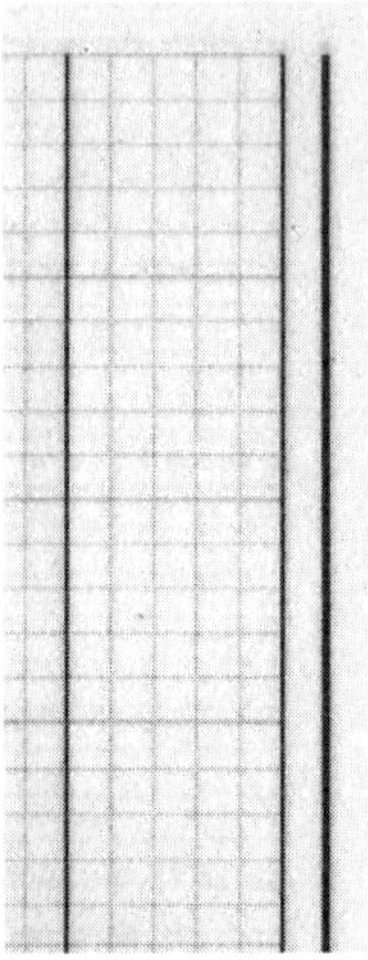

マス目状の罫線

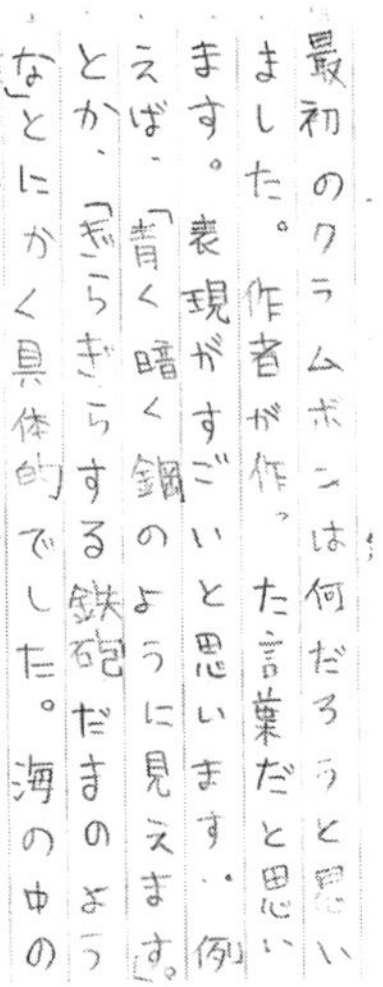


うすい方の罫線はコピーには写らない

### 2 細かい方眼

縦と横の罫線に加え、

一cm四方の中に、二mmの細かい方眼

が入っていることも特長である。この方眼のおかげで、マス目の中に字を整えて書きやすい。しかも、これは罫線よりさらにうすい色で入っているので、書く時にも全く邪魔にならない。

### 3　豊富な種類

基本のＴＯＳＳノートは、色違いで六種類。その他、低学年用やＡ４版、直写ノートなど、色違いも合わせると、

全部で十種類以上のＴＯＳＳノートがある。

用途に合わせ、豊富な種類から選ぶことができる。

### 4　安価な値段

ＴＯＳＳノートは、一冊百六十円だが、百冊単位で購入すると、

一冊百二十円

である。非常に使い勝手のいいノートが、一般の大学ノートと同じか、それ以下の値段で買うことができるのである。

年度の初めに百冊単位で購入しておき、子どもが新しいノートを希望するたびに、一冊百二十円で売ってやればよい。

### 5　中学生も使いたい

現任校は中学校だが、中学生の中にも「安くて使いやすい」ということで、ＴＯＳＳノートをほしがる子がいた。よいものは広まるのである。

### 6　ＴＯＳＳメモ

現在、ＴＯＳＳノートと同じ仕様の付箋紙である「ＴＯＳＳメモ」も発売されている。ＴＯＳＳメモの活用法については、雑誌「教育トークライン」（東京教育技術研究所）の二〇一三年七月号に特集されているので、参照されたい。

### 7　購入の方法

ＴＯＳＳノートは、東京教育技術研究所のホームページ（http://www.tiotoss.jp/）から購入できる。電話（０１２０－００－６５６４）や、申込書をＦＡＸ（０１２０－８８－２３８４）での申し込みも可能である。年度替わりの時期は注文が混み合うので、早めの購入手続きがオススメである。

（村上　睦）

## (3) ノートの書き方
## ②マスターしよう！ ノートの基本型

### 1 文字の方向

国語は他教科と違って縦書きである。こんな常識的なことでも、最初に指導しておかなければ、間違える子が出てくるおそれがある。

○ 縦書き

↓↓文字の方向
↓↓文字の方向

× 横書き

→→文字の方向
→→文字の方向

指示1 新しいノートを出しなさい。

全員出したことを確認する。

指示2 ノートを横にします。閉じてある方が上に来るようにします。

教師もノートを提示しながら、同じようにやってみせる。

指示3 表紙をめくりなさい。

見開きで、上半分が表紙の裏、下半分が一ページ目の状態になる。

説明1 国語のノートは縦書きで使います。
指示4 一ページ目の右端に、縦書きで「↓文字の方向」と書きなさい。

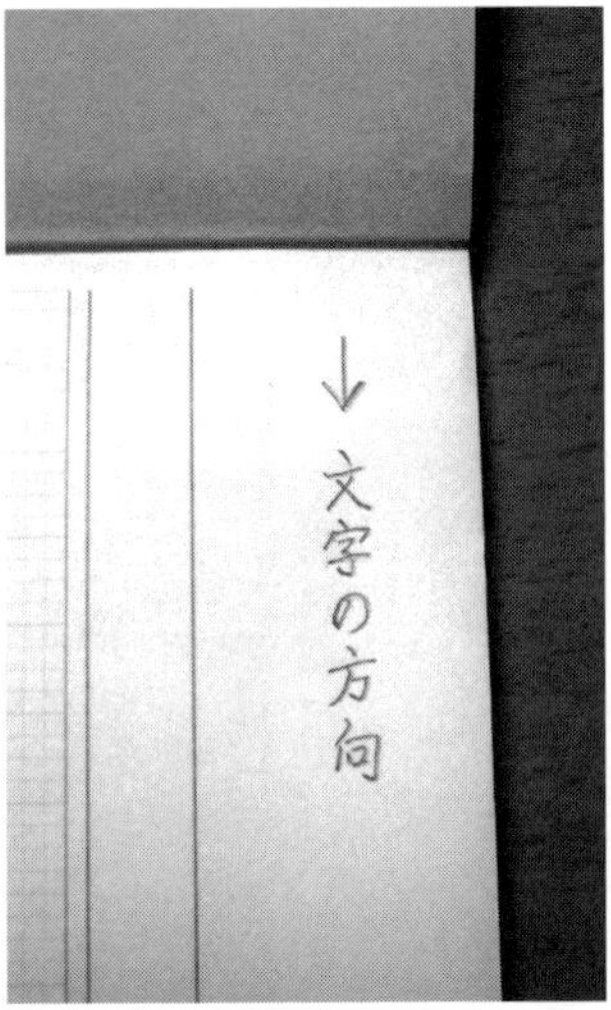

国語のノート右端に書く

指示5　念のため、二ページ目、三ページ目にも同じように書いておきなさい。

新しいページに進んだ時に、忘れてしまうことを防ぐために、最初に書いておく。

## 2　日付

学習した日付を記録しておくのは、大切な学習習慣である。最初のうちにきっちり指導しておきたい。

指示6　ノートの一マス目の高さに、定規で横線を引きなさい。

板書で図示して説明する。

発問1　何のための線ですか。

「日付を書くため。」

説明2　その通り。ノートは学習の記録です。いつ、どんな勉強をしたのかが一目でわかるように、日付を書くようにします。

日付を書く習慣が定着するまで、趣意説明を繰り返しながら指導していく。

## 3　発問は枠で囲む

大切な発問は枠囲みで書かせるようにする。当然、定規を使って丁寧に書かせる。

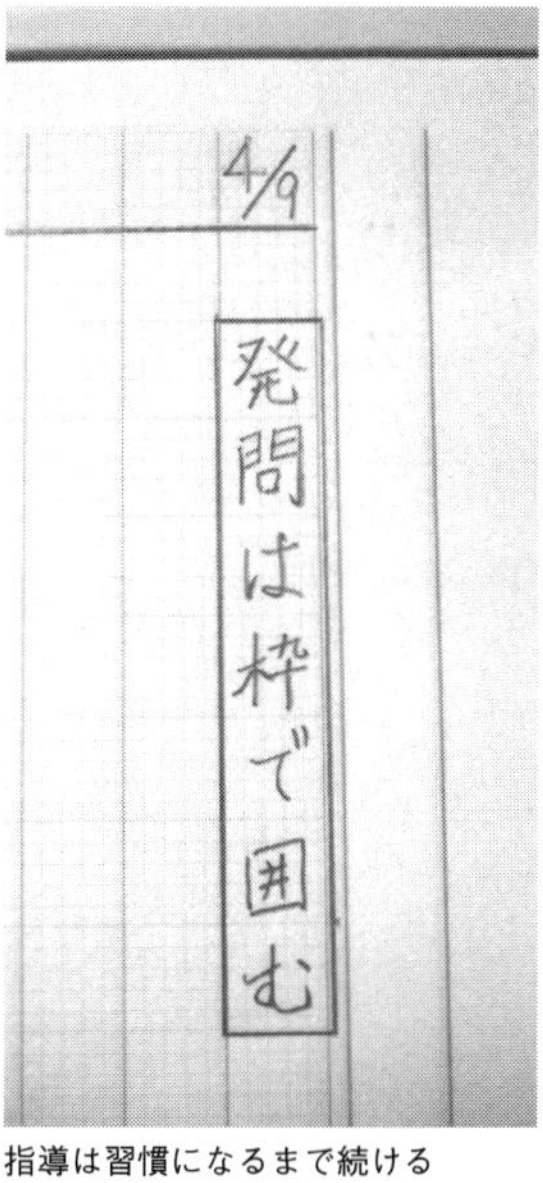

指導は習慣になるまで続ける

## 4　見やすく、ゆったりと

何も指導しないと、子どもは行を詰めてぎっちり書いてしまう。「もったいない。」と思うのだ。

説明3　ノートは適度に余白をとって、ゆったり使います。ぎっちり詰めて見にくいノートだと、あとで見直しをした時に自分が困ります。その方がもったいないのです。

と趣意説明する。

（村上　睦）

## （3）ノートの書き方

### ③チェック機能を活かした丁寧な文字の書かせ方

ノートを丁寧に書かせるためには、次のことが最重要だ。

授業びらきの指導

知的で楽しい授業びらきも、もちろん大切だが、一年間を貫く大切なルールは、ここで徹底しておかなければならない。

**1 授業びらきの指導**

簡単な自己紹介のあと、すぐ本題に入る。

説明1　今日から一年間、国語の授業でいろんなことを勉強していきます。
発問1　みんなは、国語の授業でどんな力をつけたいですか。

数名指名する。「文章を読み取る力です。」「作文を書く力です。」など、例を挙げさせる。

指示1　ノートに「授業でどんな力をつけたいか。」と書きなさい。

指示してから板書する。

説明2　丁寧に書いていない人はやり直しです。

穏やかに、しかし毅然と言う。

最初に予告しておくことが大事だ。特に、発達障がいを持つ子は、予告なしにやり直しをさせると非常に反発する。

指示2　書けたら枠で囲みます。
指示3　囲む時はちゃんと定規を使うんですよ。

書いている様子を見て回り、定規で丁寧に書いている子をほめる。

指示4　囲んだらノートを見せにきます。合格したら、つけたい力を箇条書きで書いていきなさい。

箇条書きの仕方も板書しておく。

持ってきたノートを見て、合格なら丸をつける。

指示通りにできていなかったら、

> 指示5　字が乱雑です。やり直し。
> 指示6　定規を使っていません。やり直し。
> 指示7　線が曲がっています。やり直し。

厳しく判定する。なぜなら、ここでの丁寧さが、一年間の基準となるからだ。厳しすぎるくらいでちょうどいい。

授業びらきの時だからこそ、子どもたちはやる気に満ちていて、最高の字を書こうと努力する。そのやる気を発揮させてやるのだ。

基準をゆるめるのは、あとからいくらでもできる。

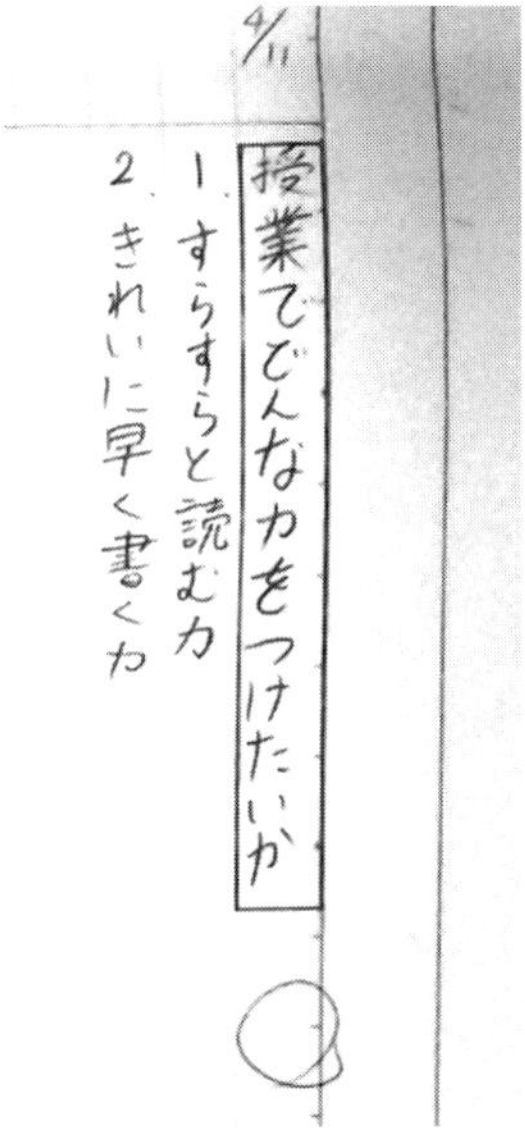
4/11
授業でどんな力をつけたいか
1. すらすらと読む力
2. きれいに早く書く力

子どものノートの例

## 2　継続する指導

最初に厳しく指導しておくことは大切だが、それだけで丁寧さが持続するわけではない。放っておけば、だんだん丁寧さは失われていくのが普通である。

そこで、日常的な指導の継続が重要になってくる。

たとえば、「あかねこスキル」で漢字練習をしている時に、

> 説明3　今日は、丁寧に書けているかどうかをチェックします。なぞり書きがはみ出していたらやり直しです。

抜き打ちでやると、子どもたちは「ええっ！」と緊張する。

> 指示8　灰色のところから一ミリでもずれていたらやり直しですよ。

この指示で、シーンと集中して書く。もちろん、実際は、子どもの実情に合わせて、多少は柔軟に対応する。継続的な指導が丁寧さを育てる。

（村上　睦）

## （3）ノートの書き方

### ④ノートを忘れた子への対処

子どもは忘れ物をするものである。厳しく叱っても、反省文を書かせても、効果は長続きしない。またすぐに忘れ物をする。教師は、それを理解した上で対応すべきである。

**1　忘れた時の行動を教える**

忘れ物をした子がいたら、それは「忘れた時の行動」を教えるチャンスである。忘れた子を前に出し、全員に聞こえるように言う。

> 指示1　忘れ物をしたら、まず「すみません。」と謝ります。言ってごらん。

「すみません。」

> 指示2　次に、何を忘れたのかを報告します。「国語のノートを忘れてしまいました。」言ってごらん。

同じように言わせる。

> 指示3　最後に、どう対応するのかを言います。「自由帳に書きます。」言ってごらん。

同じように言わせる。

> 説明1　忘れた時は、このように、「謝罪」「報告」「対応」の言葉を言うのです。

忘れたことを叱るのではなく、忘れた時の対処法を教えるのである。

> 指示4　続けて言ってごらん。

教えたとおりに言えたら、ほめる。

大切なことは、最初の忘れ物がわかった時、即座にこのように教えることである。もし、授業が盛り上がっている途中であっても、いったん授業を中断して、きちんと教えておくのがよい。最初の対応が肝心なのだ。

> 説明2　人間、誰でも忘れ物はします。忘れた時にどう行動するかが大事なのです。

## 2　忘れた子は自由帳に書く

ノートを忘れた子は、自分の自由帳に書かせる。

> 説明３　書いた自由帳を家に持って帰って、国語のノートに内容を書き写しておきなさい。

このように指示したら、ちゃんと書き写してあるかどうかを、次の日にチェックする。同じことを二度書くという「面倒くささ」を与えるのである。「忘れても大丈夫だが、忘れない方が得だ。」というシステムが、忘れ物の抑制になる。

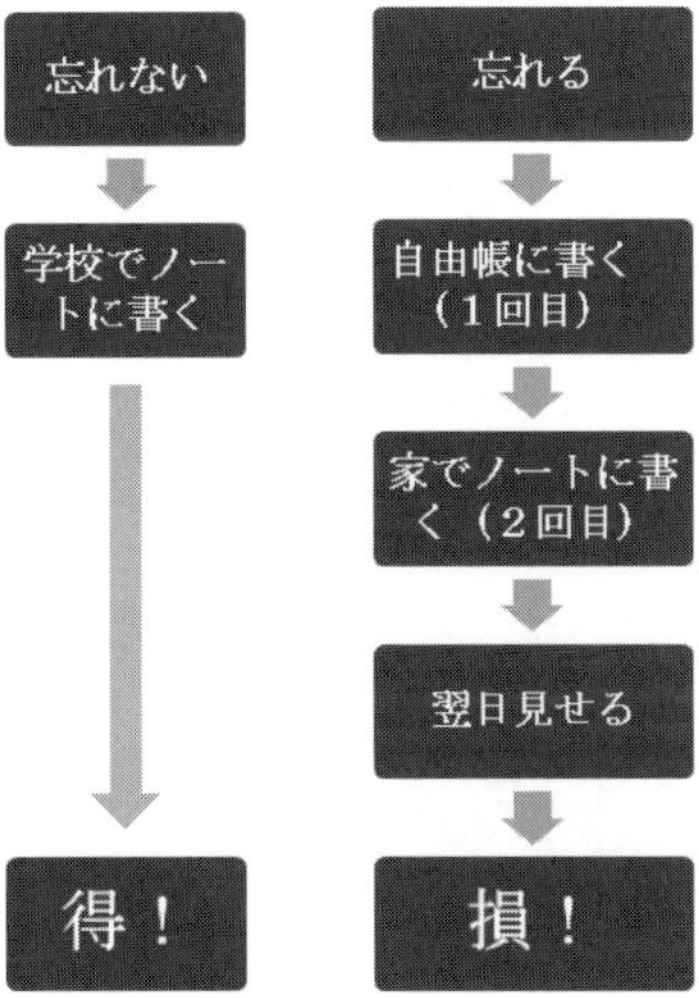


## 3　授業の前に報告させる

もし、授業が始まってから報告に来たら、

> 説明４　もう、授業が始まっています。忘れ物は授業が始まる前に言いにくるのです。

そして、しばらく授業を続ける。ノートがなくて困る状態を感じさせるのである。

ある程度たってから、次のように言う。

> 説明５　ノートがないと困るでしょう。今度からは、授業の前に言いにきなさい。

全体に対しても趣意説明をする。

> 説明６　授業が始まってから報告に来る人がいると、授業がスムーズに始められません。報告は休み時間の間にするようにしなさい。

## 4　叱らない、いやみを言わない

それでも忘れ物が続くと、つい叱ったり、いやみを言ったりしてしまうが、そこはこらえて対応する。子どもは忘れ物をするものなのだ。

（村上　睦）

# （4）指名の仕方

## ①バリエーション
## 授業の基本は「一対複数」の指名方法

### 1　一対一対応にしない指名の仕方

一対一の指名は避ける方がよい。

次のような指名方法だ。

「わかる人？」

教師が問うと、何人かが手を挙げる。

「Aさん。」

「はい、正解。」

次の質問に移る。

よく使われる方法だが、できる児童が活躍し、他の児童が活動しなくなる。

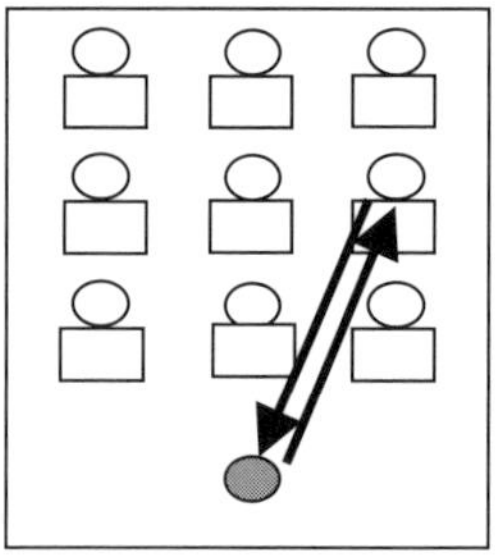

### 2　一対複数の指名の仕方

授業は、一人の教師と複数の児童で行われる。

この形に合わせて指名をする方が自然だ。

それを幾通りも使いこなせるようにしておく。

①複数を同時に指名

先程と同じように、

「わかる人？」

と問う。何人かが挙手をする。指名の際に、

A　全員立ちなさい。
B　○君、□さん、△君、三人立ちなさい。

のように複数人を同時に指名する。この時、

同じことを言ってもよいのです。

と伝えておく。

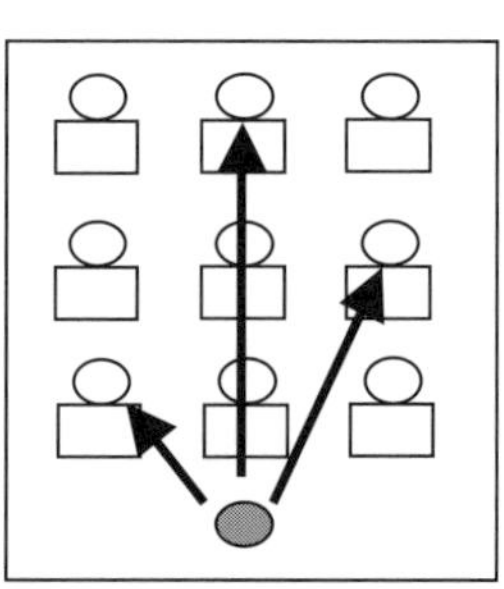

発表は緊張を伴う。話そうとした内容を先に言われてはパニックになってしまう。その不安を取り除いて発表できるようにするためだ。

②列指名

縦列や横列ごとに指名をする。
四～六人を一度に指名できる。
このような列指名には二通りある。

A　指名した全員を同時に発表させる場合

練習量を確保する場合に使うとよい。
教科書の指定した部分を音読させる以外にも、公式を読ませる、リコーダーで演奏させるなど、他教科でも応用することができる。

B　指名した児童を一人一人発表させる場合

練習したことが定着しているかを確認する際に使うとよい。
例えば、暗唱を一人一人に言わせる。

春の七草
せり、なずな、ごぎょう、はこべら、
ほとけのざ、すずな、すずしろ、これぞ七草

正確に言うことができれば、定着しているという判断材料の一つになる。
このような列指名は、さまざまなレパートリーが考えられる。

③班指名
④男女指名
⑤出席番号指名

①から⑤までの指名をバランスよく使いながら活用をすると、授業が楽しく盛り上がったものとなる。

（越智敏洋）

## （4） 指名の仕方

### ② 指名の際の教師の態度
### 「間違いこそ宝」の対応が授業を盛り上げる

**1 間違いこそ宝**

教師が発問をする。

> 児童が見当違いのことを発表する場合

がある。その際の教師の対応が、児童を意欲的にも、消極的にもする。

消極的になるのは、次のような態度をした時だ。

> 表情から笑顔が消える。
> 対応が素っ気ない。
> 返事がない。

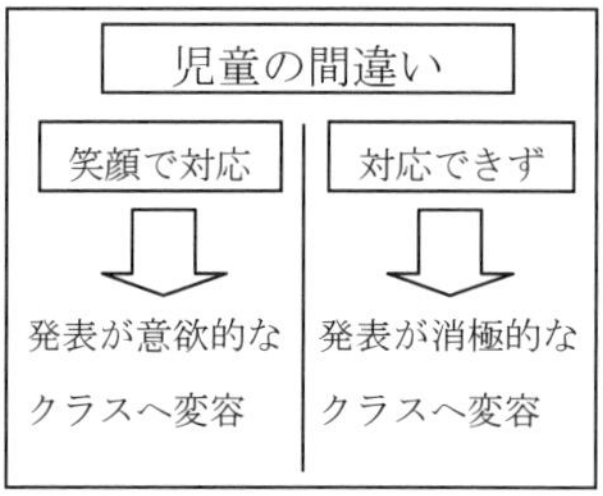


もちろん、教師として、さまざまな意見を出させればよいと考えているだろう。だから、このような態度を見せてしまうのは一瞬のはずだ。しかし、

> 子どもたちは教師の一瞬の行動を見逃さない。

「あっ、先生が求めている答えではなかった。」と見抜いてしまう。

先程のことと逆に考えていく必要がある。

教師が予測していなかった発表をしても、

> 子どもの発表を笑顔で聞く。
> すごいという反応を見せる。
> うなずきや返事をする。

といった対応をすればよいのだ。そのためには、

> 間違いこそが宝である。

と、教師が心の底から思うことが必要となる。

## 2　一瞬の対応が明暗を分ける

例を挙げて、説明する。

五年生「大造じいさんとガン」という物語教材。

大造じいさんの一番目の作戦に名前をつけなさい。

児童は次のような作戦名を挙げることが多い。

つりばり作戦
たたみ糸作戦
うなぎつりばり作戦

ポイントを捉えている作戦名だ。

私のクラスでは、次のような作戦名を立てた児童がいた。

大造じいさん作戦

教室の空気が止まりかける。

もう少し詳しく話してください。

教室内は微妙な空気が流れている。児童は話し始める。要約すると、次のような意見だった。

大造じいさんはいくつかの作戦をします。その中でも一番よいから始めにしたのだと思います。作戦全体の代表だから「大造じいさん作戦」です。

ほめた。

すっごいなぁ。全体を見て、これを考えたのか。はじめ見た時は「なんだこれ?」って思うような作戦名だけど、よく考えている。

間違いこそ宝であると考え、それに基づいて対応をするからこそ、このような言葉が出せるようになる。

（越智敏洋）

# （5）発表の仕方

## ①自席での発表

## わかりやすい発表の型「結論」→「理由」

### 1 結論から理由へ

「リンゴが好きか嫌いか。」

という発問をしたとする。

発表の内容がわかりにくい児童は、

> 赤い色です。
> 甘いのと酸っぱいのが混ざっています。
> だから好きです。

のように発表する。

> 話を最後まで聞かないとわからない。

のだ。

わかりやすい発表をさせるためには、

> 結論を発表し、その後、理由を言う。

という形を教えるとよい。

> リンゴが好きです。
> 赤くて、皮をむくと真っ白です。
> 甘いのと、酸っぱいのが混ざっているからです。

発表者にとっても整理しやすく、聞き手にとってもわかりやすい発表となる。

### 2 発表する向き

自席での発表では、二通りを使い分ける。

> ①教師の方を向いて発表をする。

最も多い形である。座席がスクール形式の場合は、前方を向いて発表をする。

**②子どもたちが多い方を向いて発表する。**

指名なし発表や討論での発表は、自発的に行う発表となる。

このような場合は、友達が多い方を向いて発表する。

討論の場合は、特定の友達に向けて発表する場合もある。

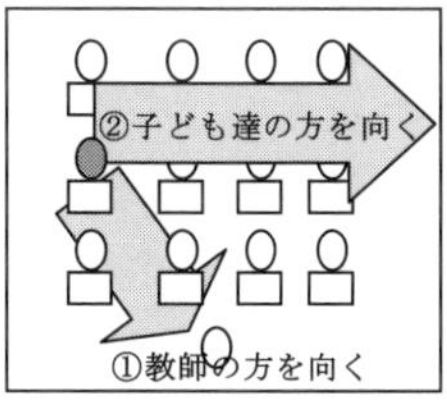


原則としては、

**話しかけたい人を向いて話す。**

という考え方で指導をする。

## ３　聞く態度

最も大切なのは、

**聞いている人はしゃべらない。**

ということだ。

発表は緊張を伴う学習活動だ。

緊張場面で横から話しかけられると、そこから話せなくなってしまう。

また、聞く側は二つの活動が考えられる。

一つは、発表者の方を向き、耳だけで聞く活動。

もう一つは、メモを取りながら聞く活動だ。

いずれも、声を出さずに聞くように指導をする。

## ４　教師の態度

基本的には、

**目を見て聞く。**

ようにする。ただし、他の児童からも目を離さない。

授業に参加しているのは、発表者を含めた全員だからだ。

また、指名なし発表では、目を合わさないで聞く。

教師の目線に動かされて発表順序が決まっていくのを避けるためだ。

（越智敏洋）

## （5）発表の仕方

### ②前に出て発表
### 声の大きさを具体的な言葉がけで明確にする

**1 意図的に発表回数を増やす**

児童が前に立ち発表することとは、教師が演出することによって生まれる。

このような機会はすべての児童に与える。

そこで、発表しにくい児童もできるようにしていく必要がある。

はじめは、前に立つ必要性について説明をする。

次のようにだ。

> 前に立って、発表したり、話をしたりすることは緊張します。でも、学年が上がっていくにつれて、そのような場は必ず増えます。
> 委員会、全校集会での発表、運動会での応援。
> その時に、聞こえないような声で発表するようになってほしくないのです。
> 堂々と、元気のよい発表をするために、教室でも練習をしていきます。

このような場作り。

国語では、

> 暗唱
> グループ発表
> 新聞作成などをした時の発表

などで行う。

**2 目印を作って立ち位置を決める**

緊張が形になって表れるのが、立ち位置だ。

何も指導しないと、教師が立ってほしいと考える位置よりも後ろの方に立ってしまう（図1）。

「ここに立って話をします。」とチョークを一本置くとよい。（図2）

次に、後ろ気味に立っている児童に、

「もう少し前ですよ。」

と声かけをするだけでよくなる。

図１

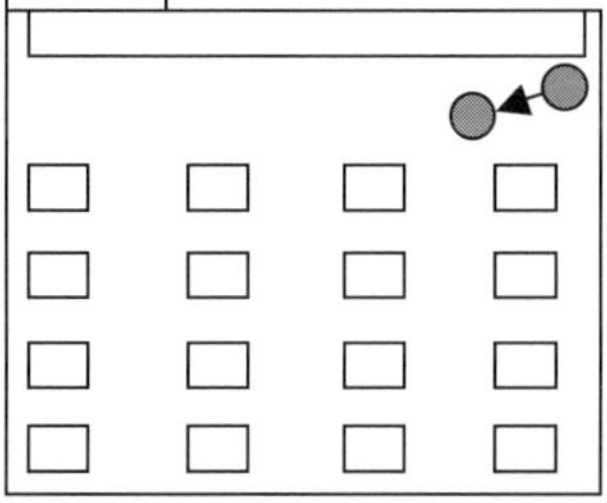

図２

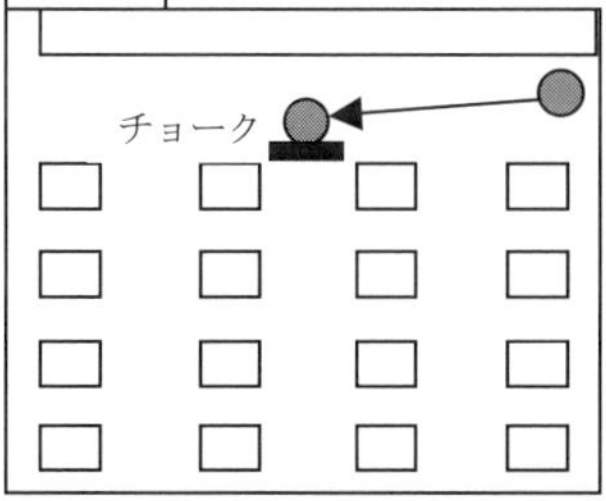


## ３　後ろの壁に当たって落ちるような声

前に立って、声を出すということは、通常時の発表よりもはるかに緊張をする。

声がいつもより小さく、聞こえなくなってしまいがちだ。

何に向けて話すのか、という目標を明確にすると話しやすくなる。

目に見えるもので、声の出し方を指示する。

> 後ろの壁に当たって落ちるようなイメージで声を出します。

教師がどのくらいの声かを示し、その後、児童全員にさせるとよい。

全員に体感させてから、個人での活動に移ることがポイントとなる。

## ４　聞く態度

発表の一人目。児童は集中して聞ける。

しかし、人数が進むにつれて、段々と聞かなくなっていく。

このようなことを避けるために、聞くだけではなく作業を入れる。例えば、次のようなものだ。

> 一人につき一行ずつ感想を書きなさい。

ほんの少しの作業で、聞く態度をよりよくすることができる。

（越智敏洋）

## （5）発表の仕方
### ③黒板で発表
### 全体に理解させるための児童への板書計画

**1 児童の意見を素直に出させる黒板**

授業では、複数の意見や答えが出る場面がある。
そのような時は、

| |
|---|
| 児童自身に、黒板へ自分の意見を書かせる。 |

ようにする。
教師が聞き取り、児童の意見を書く場合もある。
しかし、このようにすると、

| |
|---|
| 教師が都合のよいように意見を変える。<br>教師が書きやすいように短く変える。 |

といったことをしてしまう。
児童本来の意見ではなくなってしまう。
児童たちが考えた意見をそのまま扱うべきだ。
そのために黒板を有効活用していく。

**2 黒板の使い方**

チョーク受けには、白を八本、黄色を四本、常時準備をしておく。
書き始めの目印として「・」を黒板の中程の高さに打つ。高い位置に打つと、背の低い児童が書けなくなってしまうためだ。

【板書例】

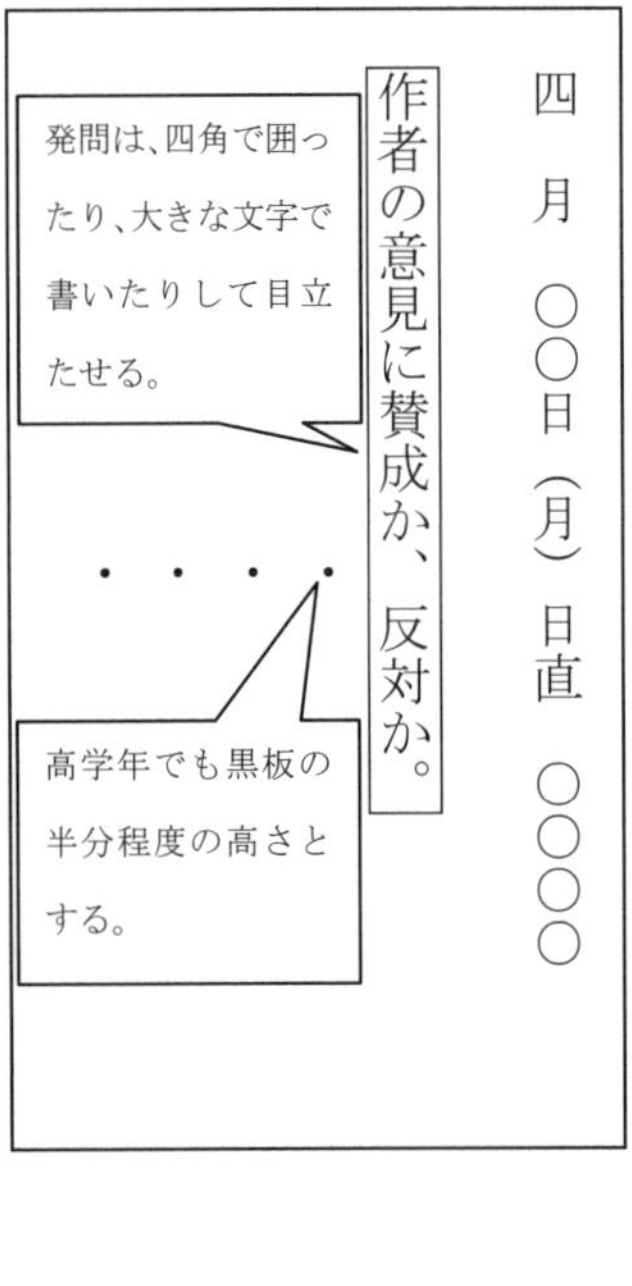
四月〇〇日（月）日直　〇〇〇〇
作者の意見に賛成か、反対か。
・・・・
発問は、四角で囲ったり、大きな文字で書いたりして目立たせる。
高学年でも黒板の半分程度の高さとする。

「・」を八つ打ち、八人同時に来させる。

「・」の数が足りない場合は増やすようにする。

また、自分の名前を必ず書かせる。高学年であれば、その趣旨も教える。


無記名という考え方もありますが、自分の意見には責任を持つべきです。その責任の現れが記名です。

といったようにだ。

## 3　発表の順序

すべての児童が書きおわってから、書いてある順序通りに発表させると効率が悪い。

書けた児童から順に発表をさせる。

その方が授業全体をスムーズに進めることができる。また、発表の内容を問う際には、

おかしいものはありませんか。

と発問をしたり、違和感のある内容を訂正させたりする。間違いを書いた児童には、

このような間違いはよくあることです。みんなの間違いとして勉強できました。ありがとう。


と心から伝える。

発表が意欲的に行われるクラスになっていく。

## 4　教師の指導

発表は一度目よりも二度目の方が、質的によくなる傾向がある。一度目の板書を使って、教師がポイントを考えさせ、児童が検討をするためだ。

これを活用すると、いつもできない児童が、できる児童よりもよいものを書くという逆転現象を起こすことができる。一度目で板書ができなかった児童に板書させるのだ。

意図的にクラスのみんなが活躍できるよう組み立てることができる。


（越智敏洋）

## （5）発表の仕方

### ④グループでの発表

### 全員が発言するグループ発表を意図的につくる

**1 グループの作り方**

グループ発表で、最も留意しなければならないことが、

> 一人で発表し、他の児童は見ているだけ。

という状態を作らないようにすることだ。

そのために気をつける点は三つある。

> ①班の人数を四人とする。

班の人数が多すぎると、発表の機会が減る。

少なすぎると、負荷が高くなりすぎる。

三十人学級では、四人を基本とする。

> ②短いグループ練習を行う。

例として、グループで製作したかべ新聞を使って発表させる場合を挙げる。

一度目の発表は、グループで一分程度の短い発表でよい。この短時間で全員に一度以上話させる。

教師は、笑顔で楽しく指導をしていく。

「新聞を広げると、顔が隠れてしまいます。いい顔を見せてください。」

「立って、黙って待っていると緊張してしまいます。始めに全員で声をそろえて出すといいです。」

「暗い表情をしていたら、楽しくないです。とびきりの笑顔を四つそろえて出てきましょう。」

言っていることは厳しい。

しかし、グループで、かつ短い時間なので児童が受け入れられる。また、

> 表情は笑顔で、言葉は柔らかく伝える。

ことで、楽しい雰囲気の中で練習量を確保できる。

グループ発表だからこそ、このような発表の指導を行いやすい。

このような練習を経て、本番の発表を行わせる。

### ③グループ発表の機会を増やすこと。

発表の機会を増やすことを心がける。

例えば、グループで相談をさせて、それを発表させる場合を挙げる。

「グループで相談しなさい。それを発表します。」

一度目の発表は、学力的に高い児童が行う。

再度、検討させる。

「もう一度発表します。さっきと違う人が発表します。」

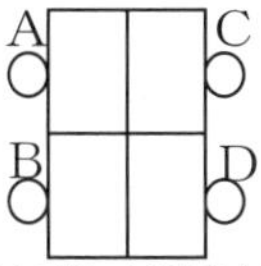


始めに学力の高いAが発表する。次の発表者はBCDのいずれかに限定する。繰り返すと、全員が発表できる。（配慮が必要な場合もある）

このようにするとグループの全員が立って発表をすることになる。

友達の意見を代表して話すというのは、貴重な学習経験だ。意図的に発表させる。

## 2　全員に「進行役」のチャンスを与える

普段からよくしゃべる児童、学力的に高い児童が進行役に立候補することが多い。

これを崩せるのは、教師しかいない。

早い段階で、さまざまな児童に進行役をさせる。

### 何をどうすればよいかを具体的に教える。

と、誰でもできるようになる。次のようにだ。

まず、進行役は、発表の順序を決めます。次に、グループで通して練習をします。できたら「できました。」と先生に伝え、グループみんなで前に来て発表をします。

はじめは、前に出る児童がリードをするが、少しずつ全員ができるようになっていく。　（越智敏洋）

実践するなら最初から、である。

# （6）日記指導のシステム

## ①日記宿題の出し方
## 誰でも無理なく進められる日記指導の方法

日記を書かせることの効果は四つある。

①教師と子どもが一対一で向き合うことができる。
②一人一人の生活や考え方を知ることができる。
③毎日一定の努力を続ける力を養うことができる
④文章力を鍛えることができる。

### 1　「黄金の三日間」から始める

「黄金の三日間」とは新学期始業式からの三日間をいう。この時だけは、子どもは素直で、いい子で、教師の言うことによく従う。この時期から日記指導を始める。「今日から毎日、日記を書きます。」と告げる。ほとんどの子は前向きに受けとめてくれるだろう。しかし、日記開始があとになればなるほど「え〜。」という声や不満がでるようになる。日記を

### 2　なぜ日記を書くのか、趣意説明をする

何事もその意味を語っていくことが大切である。
五年生に対して次のような趣意説明を行った。

> 今日から毎日、日記を書きます。みんなに日記を書いてもらうのには、三つの理由があります。
> 一つ目は、普段みんなが考えていることを先生が知りたいためです。二つ目は、一人一人と日記を通じて会話したいからです。三つ目は、続けるということに挑戦してもらうためです。
> 続ける目標はまずは百日です。何でも百日（または百回）努力を続けると、急に成長が訪れます。自分の伸びが実感できるのです。十五m泳ぐことを百回すれば必ず二十五m泳げるようになります。縄跳びの二重跳びが連続百回できると三重跳びができるようになります。
> 日記もまずは百日。およそ三か月です。毎日日記を書くという努力は、図のAのように一つ一つ積み重ねなければなりません。書けない時、面倒な時、さぼりたいと思う時もあります。だけど我慢し

て続ければ、続けた人には間違いなく成長が訪れます。成長はＢのように加速的に訪れるのです。

　高学年となったみんなに、努力を続けるということに挑戦してもらいます。

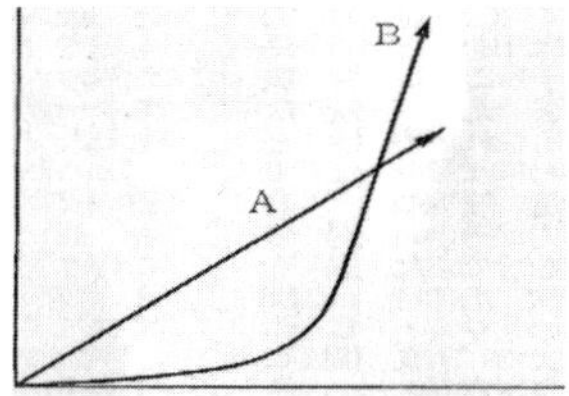

努力を続けると急に成長が訪れる

## ３　全員の日記に返事を入れるシステムを作る

　翌日から子どもたちが日記を提出してくる。

　ここで突き当たる問題が、しっかりとした返事を毎日入れられるか、ということである。

　例えば三十五人学級。毎日、全員に対して返事をしっかり書くというのはほぼ不可能だろう。

　日々日記に追われることになる。日記に疲労し、きっと長続きしない。

　そこでシステムが必要になる。

　私が実践したのは、伴一孝氏が提案した

ローテーション赤入れシステム

の修正追試である。

　これは、曜日で返事を書くグループを決めてしまう方法だ。月曜は出席番号①～⑥、火曜は⑦～⑫というように。

　毎日全員の日記に目を通すのだが、しっかり返事を書くのは五、六人となる。他の子は評定だけとする。

　日記の書き始めの頃、私は「毎日書く」「丁寧に書く」ことを課して書かせる。返事をしっかり書く曜日以外は、このことについての評定（ＡＢＣ）を入れた。（返事が必要な内容については、当然、曜日など関係なく返事を書く。）

　ローテーション赤入れシステムを取り入れることにより、全員に対して週に一度はたっぷり返事を書く機会を作ることができる。

　誰でも無理なく続けられるシステムである。


【参考文献】向山洋一『教師修業十年』一一一頁、伴一孝『原稿用紙がラクラク埋まる「向山型作文」授業』一〇一頁

（青木勝隆）

# （6）日記指導のシステム

## ②効果的なコメントの仕方 日記のコメントは「ラブレター」を書くように

### 1 子どもは何を楽しみにしているのか

それはもちろん日記に対する教師のコメントである。例えばこのようなコメントがある。

①習った漢字をなるべく使うよう努力しよう。

②もっと丁寧に書こう。

いずれにも共通しているのが、注意や指導を入れているという点である。

また、こういうのもある。

③誤字脱字や句読点の打ち忘れに対して、教師が赤で修正している。

このような指摘をされる子は大体決まっている。学力の低い子、雑な子である。こういう子は文章を書くことが苦手な場合が多い。何とか書いた日記に、いくつもの赤が入って返ってくる。その子はどう思うだろうか。きっと日記が嫌になる。

次のようなコメントも見かける。

④とても楽しい様子が伝わってきました。

⑤ゴールデンウィークのよい思い出になったね。

何か薄さを感じさせるコメントである。誰の日記にも適用できるコメントだと言っていい。このようなコメントでは、子どもはつまらなくなる。

### 2 日記のコメントは「ラブレター」を書くように

コメントを書く際、どのような姿勢でのぞめばいいのだろうか。

向山洋一氏は次のように言う。

> 教師の赤ペンっていうのはラブレターなんです。先生から語りかけるように。
>
> 指導とラブレターは違う。せっかくラブレターを書ける機会に、指導を入れている教師がいる。
>
> 二〇一三年ユースウェアセミナー京都、向山氏講座より

このイメージを持つと、コメントを書く際の教師の姿勢が変わる。

私はある子の日記に次のように書いた。

「希望の絵、とてもいいなあ。夢をかなえる人。それは夢に対してどれだけ本気で願っているかということが影響してくると思う。本気の人は、ずっと努力し続けるから。夢をかなえるまでには、たくさんの小さな目標がある。その目標をクリアしていく先に夢が見えてくる。夢への第一歩の目標。これをまずは立ててみよう。そこから始まるんだ。さて、どんな目標をたてようか?」

私の見方、考え方をストレートに書いた。子どもに語りかけるように。時には話を投げかけて。

あまり肩ひじを張らずに、思ったことをありのままに書くようにした。そうすると自然とコメントが長くなった。このようなコメントに対しては、子どもから返事がくる場合がある。こうなると、日記で子どもとの応答ができるようになる。

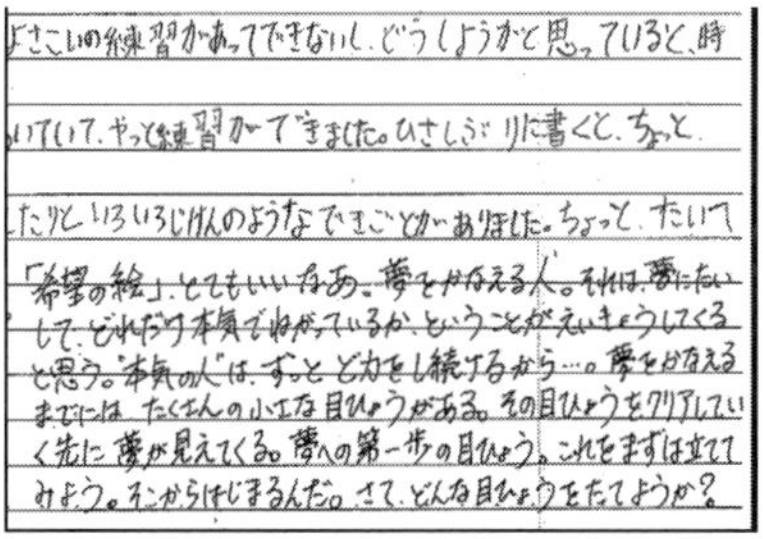
よさこいの練習があってできないし、どうしようかと思っていると、時
いていて、やっと練習ができました。ひさしぶりに書くと、ちょっと
したりといろいろじけんのようなできごとがありました。ちょっと、たいて
「希望の絵」、とてもいいなあ。夢をかなえる人。それは、夢にたい
して、どれだけ本気でねがっているか、ということがえいきょうしてくる
と思う。本気の人は、ずっとど力をし続けるから…。夢をかなえる
までには　たくさんの小さな目ひょうがある。その目ひょうをクリアしてい
く先に　夢が見えてくる。夢への第一歩の目ひょう。これをまずは立てて
みよう。そこからはじまるんだ。さて、どんな目ひょうをたてようか？

語りかけるようにコメントを書いた

## 3 向山氏はどのようなコメントをしていたのか

向山学級出身の戸田貴久氏はいう。

「日記」と言うよりむしろ「手紙」だった。五生と向山先生との交換日記だった。

まさに向山氏はラブレターを書いていたのである。子どもとやりとりをしていたのだ。

毎日書く、そして週に一度提出日がある。向山先生はそれらを全部読み返事を書いてくれた。（中略）長いものになると三ページにも渡って返ってくるものまであった。

三ページにも渡る返事。驚きの分量だ。教師のこの「熱」が子どもたちを日記に向かわせたのである。

【参考文献】『向山洋一年齢別実践記録集』第八巻五五頁、東京教育技術研究所、『向山洋一は日記指導にどう取り組んだか』

（青木勝隆）

## (6) 日記指導のシステム

### ③「書いてこない子」「書けない子」への対処法

**1 「書いてこない子」は学校で書かせる**

日記は「毎日書く」ことに大きな意味がある。だから書いてこない子には学校で書かせる。

書いてこない子を放置すると、ますます書かなくなる。毎日書くという姿勢を教師が作っていくことが大切である。

**2 「書けない子」に書き方を教える**

「日記に何を書いていいのかわからない」という子がいる。書き方がわからないのである。

こういう子には、向山型作文指導が効果的である。

一例を示す。「長く書く」指導である。

説明　今から先生がやることを作文に書いてもらいます。

教師が次の動作をして見せる。

教卓の前から一旦廊下に出て、また教室に戻り、電気を消したりつけたりして、教卓の前に戻る。

わずか十数秒の短い動作である。

指示　今のことをできるだけ長く書きなさい。

最初、次のような内容が多い。

「先生が教室から出て電気を消してつけました。」

評定する。一行につき十点で点数をつけた。二行なら二十点である。あくまで文章量のみで評定していく。

なかには「静かに歩きました。」とか「廊下に出た時、ちらっと運動場の方を見ました。」など、様子を詳しく書いている子どもがいる。

このような作文を全体に紹介する。詳しく表現することで文章量が増えることがわかってくる。

次に、先ほどと同じ動作をもう一度してみせる。そして再度書かせる。するとこうなる。

「先生がゆっくりろうかに出て行き、一しゅん、運動場の方を見ました。そのあと、教室にもどってきた先生は、パチッと電気を消し、すぐにまたつけました。そのあと、先生はニコニコしながら手をパンとたたきました。変なことをする先生だなあと思いました。」

一回目よりもどの子も長く書ける。長く書いた子の文章を紹介し、長く書くポイントを確認した。

| |
|---|
| ①見たこと、②聞いたこと、③思ったことを細かく詳しく書くと、長く書ける。 |

三回目を行う。格段に長く書けるようになる。百点以上が続出する。

向山型作文指導はＴＯＳＳランドに載っている。

(http://www.tos-land.net/)

## 3　日記のテーマを決める

たまに日記のテーマを決めると、書くのが嫌いな子も、テーマによっては意欲的に書いてくる。

人気のあったテーマを紹介する。

①なりきり日記（何かになって書く。犬、鉛筆等。）

②ひと言日記（ひと言で、オチをつけて書く。）

③二百字限定日記（二百字ぴったりで書く。）

④会話日記（しゃべり言葉で書く。）

⑤質問日記（先生への質問と答えの予想を書く。）

⑥未来日記（将来の自分の設計図を書く。）

⑦俳句日記（俳句を作り、その解説を文章で書く。）

⑧感謝状日記（お世話になっている人に感謝の気持ちを書く。）

⑨自分をほめる日記

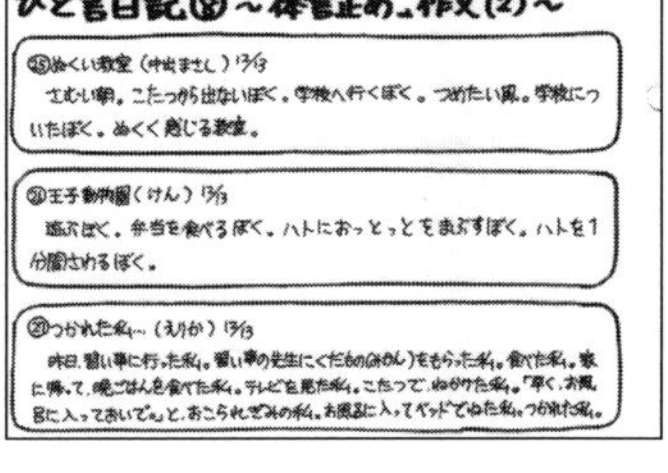


（青木勝隆）

# （6）日記指導のシステム

## ④学級通信で日記を活性化させる

### 1 学級通信で波及効果をねらう

日記を続けていると、子どもの書く文章の中に、キラリと光るもの、これはと思うものに出合うことがある。

こういう時は学級通信で取り上げて紹介する。

友達の書いたキラリと光る文章は、ほかの子にも波及効果を与える。

子どもはお手本としてまねるようになる。

### 2 学級通信で取り上げる時のポイント

子どもたちは自分の日記が学級通信に載ることを楽しみにしている。

友達の日記を読むことも楽しみにしている。

保護者にも好評である。

ただし、配慮すべき点がある。

①掲載する前に子どもの許可を得る。

日記を学級通信に載せてほしくない子もいる。

教師には問題のない内容に見えても、子どもにとってはデリケートな内容である場合もある。

そこで、次のように説明しておく。

> 先生がほかの人にも紹介したいと思った日記は、学級通信に載せていくつもりです。
> 学級通信に載った日記から、みんなにも学んでほしいからです。
> でも、どうしても載せてほしくない日記もあると思います。
> そういう時は、日記の始まりに ×を書いてください。
> ×が書かれた日記は絶対に載せません。

こうすると安心して書ける。

友達のことや自分の秘密を書いた内容で×を書いてくる子がいる。女子に多い。

「載せてほしくない」＝「本音を書いている」ということだろう。

また、よい日記を見つけた時、その場で私が読み上げるということもある。

この場合も本人の了解を得た上で紹介するようにしている。

**②学級通信への掲載基準を、子どもや保護者に伝える。**

毎年ではない。

担任するクラスの実態（保護者の様子）から必要と判断した場合は、学級通信に書くようにしている。

例えば次のように。

学級通信に載せる子どもの日記の選出基準をお知らせします。

■まず大前提はこちらです。

本人が載せてもよいと言っている。

そして、「載せてもよい。」という子の中から選ぶ次の基準はこの四つです。

①おもしろい。
②よい文章である。
③クラスのみんなにぜひ知らせたい。
④「絶対載せてください。」と本人が熱望した。

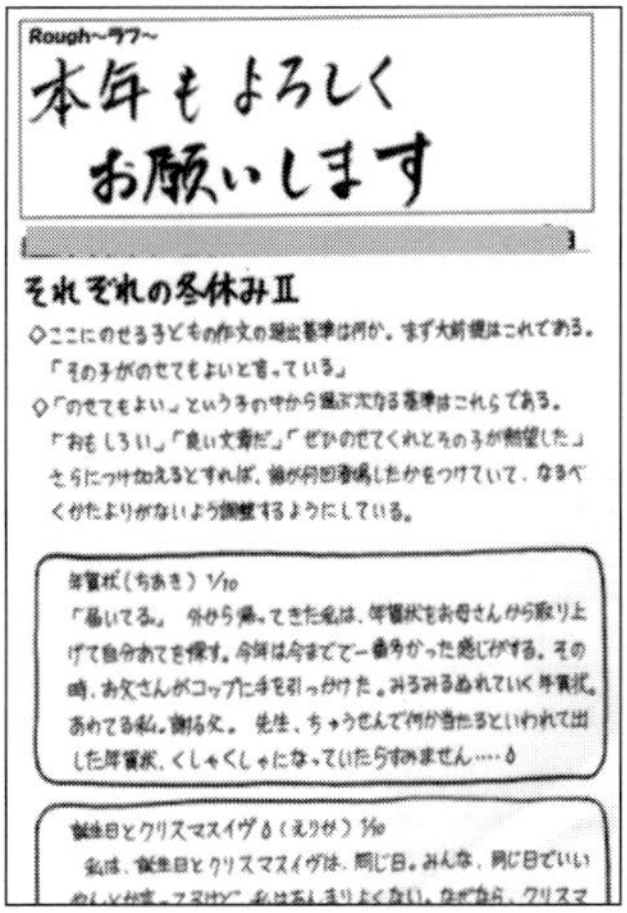
Rough～ラフ～

本年もよろしく
お願いします

それぞれの冬休みⅡ

◇ここにのせる子どもの作文の選出基準は何か。まず大前提はこれである。
「その子がのせてもよいと言っている」
◇「のせてもよい」という子の中から選ぶ次なる基準はこれらである。
「おもしろい」「良い文章だ」「ぜひのせてくれとその子が熱望した」
さらにつけ加えるとすれば、誰が何回登場したかをつけていて、なるべくかたよりがないよう調整するようにしている。

年賀状（ちあき）1/10
「届いてる。」外から帰ってきた私は、年賀状をお母さんから取り上げて自分あてを探す。今年は今までで一番多かった感じがする。その時、お父さんがコップに手を引っかけた。みるみるぬれていく年賀状。あわてる私。謝る父。先生、ちゅうせんで何か当たるといわれて出した年賀状、くしゃくしゃになっていたらすみません……

誕生日とクリスマスイヴ（えりか）1/10
私は、誕生日とクリスマスイヴは、同じ日。みんな、同じ日でいい

私は誰の日記が何回掲載されたか一応チェックしていて、掲載回数に大きな偏りが出ないようにしている。このような公平性も意識しておいた方がよい。

（青木勝隆）

# 第4章 教科書はこう教える

## (1) 物語の扱い方

### ①音読の方法
### 変化のある繰り返しで音読が楽しくなる

**1 音読指導のポイント**

子どもたちが、文章をスラスラと読むことができるようになるためには、教材文を数多く音読させる必要がある。楽しく熱中するかたちで、かつ力がつく指導をしたい。ポイントは、「変化のある繰り返し」である。読み方を少しずつ変えながら、音読を繰り返すのである。

**2 実際の指導**

最初は、教師と一緒に読む。次に子どもたちだけで読む。最後は、子どもが一人で読む。このように「大人数から少人数」を原則としながらさまざまな音読方法で進めていく。「ふきのとう」（くどうなおこ／光村図書　こくご二上　八ページ）を例にして紹介する。

**(1) 追い読み**

教師の読みを聞いて、子どもが同じところを読む。音読の基本型である。

指示　先生の後に続けて読みます。
教師　よがあけました。
子ども　よがあけました。
教師　あさのひかりをあびて……。
子ども　あさのひかりをあびて……。

教師が読んだ文を子どもたちに読ませる。長い文は、短く区切って読むとよい。

また、子どもの実態に合わせて、読むページを決めて進めるとよい。

**(2) 交互読み**

一文（行）を交互に読んでいく方法である。読み手を変えるだけで、多様な読みができる。

指示　先生が読んだ次の文を読みます。
教師　よがあけました。
子ども　あさのひかりをあびて……。
教師　雪がまだすこしのこって……。
子ども　どこかで、小さなこえがしました。

教師が読んだ文（行）の次の文（行）を子どもに読ませる。最後まで読んだら最初に戻り、子どもが先に読み、次を教師が読む。

指示　男子、女子、男子、女子というように読みます。
男子　よがあけました。
女子　あさのひかりをあびて……。
男子　雪がまだすこしのこって……。
女子　どこかで、小さなこえがしました。

次は、男子が読んだ次の文（行）を女子が読んでいく。最後まで行ったら、読む順序を変える。

指示　隣の人と一文ずつ交互に読みます。
子ども①　よがあけました。
子ども②　あさのひかりをあびて……。
子ども①　雪がまだすこしのこって……。
子ども②　どこかで、小さなこえがしました。

ペアで、一文ずつ交互に読んでいく。最後まで読んだら、読む順序を変える。

起立をして読ませ、読み終わったら座らせると、緊張感がある。

また、子どもたちの進捗状況が一目瞭然になる。

「読み終わったら一人で読んでいます。」というように、終わった後の指示を出しておく。

ペアで交互に読む

### (3) 一人読み

一人で読む機会をつくる。

指示　一人ずつ読んでいきます。○列起立。

一列ずつ立たせて、一人一文ずつ読ませていく。

この時、教師は、「いい声だ。合格！」「スラスラ読んでいる！　うまい！」「おしい！　少し詰まったのでもう一度！」と短く評価をする。

### (4) 役割読み

子どもたちを登場人物と地の文（ナレーター）に分けて読む方法である。「ふきのとう」の場合、次のように、役割を七つに分けることができる。

・竹①　・竹②　・ふきのとう　・雪
・お日さま　・はるかぜ　・ナレーター

まず、全体で読むとよい。希望者を募り、役割分担をする。希望者がいない役については、教師が読む。子どもたちは、自分の出番になったら、立って読む。次に、グループで読む。七人グループをつくり、それぞれの場所で読ませる。最後に発表会をしてもよい。

（小井戸政宏）

# （1）物語の扱い方

## ②登場人物・中心人物の捉え方 人物の定義を明らかにして検討する

物語文で最初に指導をすることが多いのは、「いつ」「どこで」「誰が」「何をした」等の「設定」である。本項で取り上げるのは、「誰が」に当たる「登場人物」「中心人物」である。

### 1 登場人物

「登場人物」を扱う場合、「登場人物」の定義を教える必要がある。定義がわからないまま検討をしても、子どもたちの意見はかみ合わない。次に「登場人物」の検討をする。以下、指導例を紹介する。

【学年】小学二年生 【教材】「スイミー」（レオ＝レオニ・たにかわ しゅんたろう やく／光村図書 こくご二上 五〇ページ）

#### （1）登場人物の定義

「登場人物」の勉強です。「登場人物」とは、舞台に立って、話したり、行動したりする人や動物のことです。

このように「登場人物」の定義を確認する。

#### （2）登場人物を列挙する

このお話の登場人物をすべてノートに書き出します。

すぐに書けない子どもがいるようなら、次のように例示をする等の工夫をする。

登場人物を今すぐ言える人は、手を挙げてごらん。

子どもたちから、「スイミー」や「まぐろ」等が出てくる。これで、何を書けばよいのか、イメージできる。

次に発表である。教師は、子どもたちがノートに書いたものを発表させていき、板書する。私の学級では、次のようになった。

小さな魚のきょうだいたち、スイミー、まぐろ、くらげ、ゼリー、いせえび、水中ブルドーザー、見たこともない魚たち、ドロップ、こんぶ、わかめ、うなぎ、やしの木、いそぎんちゃく、大きな魚

#### （3）登場人物を検討する

子どもたちから出た意見を検討していく。

この中で、おかしいなあと思うものはどれですか。

「水中ブルドーザー」が出た。理由を尋ねると「水中ブルドーザーみたいなと書いてあるので、本当の

水中ブルドーザーではない。」という意見が出た。

子どもたちは、「みたいな」に注目していた。「同じようなものは、ないか。」と尋ねると「ゼリー」「ドロップ」「やしの木」が出た。こうして、おかしいと思うものを消去していく形で、検討を進めた。

## 2　中心人物

### （1）中心人物を定義する

中心人物とは、舞台の中心になって、お話を引っ張っていく人や動物などのことです。主役とも言います。

子どもたちは、「主役」という言葉の方が、イメージしやすいようだった。

### （2）中心人物を検討する

このお話の中心人物は、誰ですか。

登場人物の中から選んでごらん。

全員が、「スイミー」と答えた。

そこで、理由を尋ねた。次のような意見が出た。

・題名がスイミーだから。たくさん登場するから。
・しゃべっている回数が多いから。
・まぐろをやっつける方法を考えたから。

子どもたちは、「題名」「登場回数」「会話の回数」「行動」に注目して理由を考えることができた。中心人物を扱うなら「対役」も扱いたい。

「対役」とは、「中心人物の気持ちを変える登場人物」のことである。私は、次のように進めた。

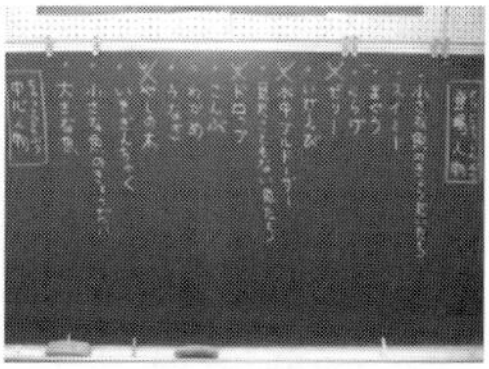
子どもたちの意見を検討する

中心人物の気持ちや行動を変える登場人物のことを「対役」と言います。「ドラえもん」の中心人物は「のび太くん」です。「対役」は誰ですか。（ドラえもん！）「ドラえもん」ですね。

このように「対役」を定義し、子どもたちがよく知っている話で例示をするとイメージしやすくなる。

子どもたちの意見は、分かれる。

・小さな魚たち　・まぐろ

子どもたちに理由を発表させる。それぞれ納得をしなかったので、「まぐろがいなかったらスイミーは、考えましたか。」と問い、次のように説明をした。「まぐろがいたからスイミーは考え、行動をしたのですね。だから、まぐろが対役です。」

（小井戸政宏）

## （1）物語の扱い方

### ③エピソードの扱い方 出来事を短くまとめる

物語のそれぞれの出来事を短文に要約する。「事件」という言葉を使うと子どもがイメージしやすい。

授業の流れは、次のようである。

①全体をいくつかの事件に分ける。
②それぞれの事件を短文に要約する。

以下、授業の展開を紹介する。

【学年】小学四年生　【教材】ごんぎつね（新美南吉／光村図書　国語四下　八ページ）

指示　物語は、いくつかの事件からできています。「ごんぎつね」もいくつかの事件があります。はじめの部分は、事件ではなく「説明」です。説明が終わって、事件が始まるところは、どこですか。事件の始まりに①と書きなさい。

このように事件の始まりに数字を書き込ませていく。最初は、一つずつ確認をしながら進めるとよい。子どもたちが慣れてきたら、自分で最後まで取り組ませてもよい。

例えば、次のようになる。

【説　明】これは、わたしが小さいときに、村の…
【事件一】ある秋のことでした。二、三日雨が…
【事件二】十日ほどたって、ごんが弥助という…
【事件三】兵十が、赤いいどの所で麦をといで…
【事件四】次の日には、ごんは山でとったくりを…
【事件五】月のいいばんでした。ごんは、ぶらぶら…
【事件六】そのあくる日も、ごんは、くりを持って…

全体をいくつかの事件に分けたら、それぞれを「～した話」というように短文に要約する。

ここで、要約する能力が必要となる。要約指導の仕方は、次節（2）の④を参照いただきたい。

「ごんぎつね」では、主人公の「ごん」、対役の「兵十」を文末にして要約する。

指示　それぞれの事件を短い文に要約します。まず、事件一を「ごん」で終わるように要約しなさい。二十五文字以内です。

できた子どもから黒板に書かせていく。黒板が、子どもの要約でいっぱいになったら、教師が、一つずつ十点満点で点数をつけていく。その時のポイントは、次のようである。

・二十五文字以内で書けているか。
・大切なキーワードが入っているか。
・文末が「ごん」になっているか。
・日本語としておかしくないか。

自分で書けない子どもには、黒板に書いてある友達の要約を写してもよいことを助言しておくとよい。詳しい進め方は、次節（２）の④を参照。

事件の要約を一つずつ確認しながら進める。

例えば、それぞれの事件の要約は、次のようになる。

【事件一】兵十にいたずらをしたごん。
【事件二】そうしきを見てこうかいしたごん。
【事件三】つぐないに、くりや松たけを持っていったごん。
【事件四】兵十と加助の話を聞いていたごん。
【事件五】ひきあわないと思ったごん。
【事件六】兵十に火なわじゅうでうたれたごん。

「兵十」を文末にした時は、次のようである。

【事件一】ごんに魚やうなぎをとられた兵十。
【事件二】おっかあが死んでしおれている兵十。
【事件三】いわし屋になぐられた兵十。
【事件四】くりや松たけが置いてあるのをふしぎに思った兵十。
【事件五】くりや松たけを、神様のしわざだと思った兵十。
【事件六】火なわじゅうでごんをうった兵十。

小学三年生の教材である「モチモチの木」でも同じように指導することができる。

この教材では、主人公である「豆太」を文末にして要約する。

例えば、次のようになる。

【事件一】夜中に一人でせっちんに行けない豆太。
【事件二】夜になると、モチモチの木をこわがる豆太。
【事件三】山の神様の祭りを初めからあきらめる豆太。
【事件四】灯がついたモチモチの木を見た豆太。
【事件五】じさまに勇気ある子だと言われた豆太。

（小井戸政宏）

## （1） 物語の扱い方

### ④クライマックスの捉え方と扱い方
### 中心人物が変化した箇所を検討する

「クライマックス」について、石黒修氏は、次のように示している。

> 中心人物の考えが、ガラッと変わるところにクライマックスがある。そして、そのピナクル（最高点）は行間にある。

この考え方を基にして、「クライマックス」を検討する授業を紹介する。

**1 「お手紙」**（アーノルド＝ローベル・みき たく やく／光村図書 こくご二下 六ページ）

「お手紙」の中心人物は、「がまくん」であることを確認して、次のような発問・指示をする。

> がまくんの気持ちは、どんな気持ちから、どんな気持ちに変わったのですか。（　）な気持ち→（　）な気持ちとノートに書きなさい。

「ふしあわせな気持ち→しあわせな気持ち」ということを確認する。

> がまくんは、ふしあわせな気持ちから、しあわせな気持ちに変わったのですね。
> がまくんの気持ちが、「ふしあわせ」から「しあわせ」にガラッと変わったのは、どの文ですか。
> 教科書に線を引きなさい。

子どもたちは、次のような箇所に線を引く。

> ①「きみが。」
> ②「ああ。」
> ③「とてもいいお手紙だ。」

それぞれの理由をノートに書かせて、交流をする。

次のような発問をして、子どもたちの考えをまとめていくとよい。

> がまくんの気持ちがガラッと変わったのは、かえるくんがお手紙を出したと知ったときですか、それともお手紙の内容を知った時ですか。

このように焦点を絞ることで、子どもたちの考えが整理されることになる。この時、次のように自分の意見の書き方を教えて、ノートに書かせるとよい。

がまくんの気持ちがガラッと変わったのは、（　　）を知ったときです。
わけは、（　　　　）だからです。

この後、子どもの実態に合わせて、教師主導の発表、指名なし発表、指名なし討論などを進める。

子どもたちだけで意見がまとまらなかったら、教師の考えを示し、授業を終えるとよい。

## 2　他の教材に応用する

「お手紙」の展開は、次のようである。

①中心人物が、どのように変化したかを問う。
②中心人物がガラッと変わったのはどこかを問う。

この二つの発問は、さまざまな教材に応用できる。

（1）「モチモチの木」（斎藤隆介／光村図書　国語三下　一〇四ページ）

①豆太は、どのように変化しましたか。
（おくびょうな豆太から勇気がある豆太。）など。
②豆太の気持ちがガラッと変わったのは、どこですか。
（医者様をよばなくっちゃ。）など

（2）「ごんぎつね」（新美南吉作／光村図書　国語四年下　八ページ）

①ごんは、どのように変化しましたか。
（いたずらをするごんから後悔をしてつぐないをするごん。）など。
②ごんがガラッと変わったのは、どこですか。
（おれと同じ、ひとりぼっちの兵十か。）など。

（3）「大造じいさんとガン」（椋鳩十／光村図書　国語五　一一四ページ）

①大造じいさんは、どのように変化しましたか。
（残雪を敵として見ていた大造じいさんからガンの英雄として見た大造じいさん。）など。
②大造じいさんがガラッと変わったのは、どこですか。
（強く心を打たれて、ただの鳥に対しているような気がしませんでした。）など。

（4）「海の命」（立松和平／光村図書　国語六　二〇〇ページ）

①太一は、どのように変化しましたか。
（父のかたき討ちをする太一から瀬の主を父と思う太一。）など。
②太一の気持ちがガラッと変わったのは、どこですか。
（水の中で太一はふっとほほえみ、口から銀のあぶくを出した。）など。

カッコ内は、あくまでも回答例である。さまざまな考え方があるので、教材研究をし、自分なりの考えを持って、授業にのぞむとよい。（小井戸政宏）

# （１）物語の扱い方

## ⑤主題の扱い方 「対比」や「中心人物」から「主題」に迫る方法

「主題」とは、「作品が何を訴えたいのか」のことである。「主題」を「人は、～であるべきだ。」「人生とは、～である。」「この世は、～である。」というように表現することができる。

「主題」を授業で扱う場合、「主題は、何ですか。」と直接的に尋ねるのではなく、他の発問をしながら主題に迫る場合が多い。以下、指導の例を紹介する。

### １　対比から主題に迫る「スイミー」

（レオ＝レオニ・たにかわ しゅんたろう やく／光村図書 こくご二上 五〇ページ）

「対比」を初めて扱うのなら、子どもたちに教えるところから始める必要がある。例えば、次のようである。

> 八月　↕　十二月
> あつい　↕　さむい
> クーラーを使う　↕　ストーブを使う
> （　　）↕（　　）
> カッコに入る言葉は、何ですか。
> （お盆）↕（クリスマス）
> （夏休み）↕（冬休み）
> このように言葉の意味の違いを比べることを「対比」と言います。

この後、本題に入る。

> 指示　小さな赤い魚たちとスイミーを対比します。ノートに
> 小さな赤い魚たち↕スイミー
> と書きます。

まず、例示をする。

> 「小さな赤い魚たち」を「赤い」としたら、「スイミー」は何ですか。（「黒い」です。）その通り。ノートに
> 黒い↕赤い
> と書きます。
> このように「小さな赤い魚たち」と「スイミー」の対比をたくさん書いていきます。

子どもたちの意見は、次のようである。

おそい↕はやい
多い↕少ない
勇気がない↕勇気がある　など

続いて、次のように問う。

小さな赤い魚たちとまぐろを対比します。

子どもたちの意見は、次のようである。

小さい↕大きい
おおぜい↕ひとり
力を合わせた↕力を合わせない　など

この後、対比された言葉の中で、一番大切だと思うものを子どもたちに選ばせてもよい。

教師が「小さな弱い魚たちでも力を合わせれば、大きくて強いまぐろを追い出すことができるのです。」というようにまとめてもよい。

## 2　中心人物から主題に迫る「大造じいさんとガン」

（椋鳩十／光村図書　国語五　一一四ページ）

中心人物を問うことで、「主題」に迫ることもできる。中心発問と指示は次のようである。

発問　中心人物は誰ですか。
指示　その理由を書きなさい。

「大造じいさん」と「残雪」に意見が分かれる。

【大造じいさん派】
・すべての事件に出ている。
・大造じいさんが残雪を捕まえる話だから。など。
【残雪派】
・仲間を守ったから。
・正々堂々と戦ったから。　など

この後、「主題」を考えさせる。

説明　主題とは、作品の中で、一番大切な考え方のことです。「人の世は、～だ。」というように書きます。

中心人物をどちらにするかで、「主題」が変わってくる。自分が考えた中心人物について、「主題」を書かせる。例えば、次のようになる。

【大造じいさん派】
・人の世は、最後まであきらめず挑戦することが大切だ。
【残雪派】
・人の世は、仲間を大切にし、仲間を守ることが大切だ。

この後、板書をさせて検討をする。（小井戸政宏）

## （2）説明文の扱い方

### ①音読のさせ方
### すらすら音読できるようになるための指導技術

変化のある繰り返しで音読させることで、子どもを飽きさせずに続けさせることができる。

音読する子どもたち

**1　追い読み**

教師が読んだところと同じところを子どもが追いかけて読むことを「追い読み」という。

教師が一文を読み、それに続けて、子どもが教師の読み方をまねて読んでいく。

**2　交代読み**

教師と子どもが一文ずつ交代で読むことを「一文交代読み」という。

男女で交代に読ませたり、列ごとや班ごとに交代で読ませたりしていくこともできる。

**3　指名なし音読**

教師が指名をしないで、各自読みたい文のときに起立して読む方法を「指名なし音読」という。

一文ずつ順に音読をしていくのだが、あたかも一人ですらすらと音読しているようによどみなく音読が続くのがよい。

指名なし音読のやり方に慣れてきたら、

指示1　指名なし音読をしなさい。

という指示だけでできるようになる。

しかし、初めての指名なし音読の場合は、少し丁寧に指導をする。

まず、机を教室の中心に向けさせる。互いに顔を見ながらでないとタイミングよく起立するのが難しいからである。

前から三列までの机を教室の中心に向けさせ、コの字のようにする方法でもよい。

指示２　今から一文ずつ順に音読をしていきます。自分が読みたいなと思った文の時に起立して音読をします。必ず、全員が一回音読をします。では、どうぞ。

はじめは、様子を見ながら順に起立するが、要領がわかってくると、多数が同時に起立して音読をしようとする。

そこで、次のように言う。

指示３　このように同時に二人以上が起立をした場合は、遠慮をしなさい。友達に譲るのです。必ず、全員が読めるので、焦らなくても大丈夫です。

このようにして、友達に譲ることを教えていく。

全員が一回音読できたら、しっかりとほめて自信を持たせる。

次からは、一人二回以上読んでよいことにする。

指示４　もしも、だれも立たなかったら二回目や三回目の人が読んでよいことにします。もしも、同時に二人以上立った場合は、読んだ回数の少ない人を優先させなさい。

このようにして、全体を見ながら音読していくことを教える。そのことが、指名なし発表や指名なし討論につながっていくのである。

いつもするわけではないが、たまに指名なし音読が終わったら、評定をするのもよい。

一回音読をしたらB、二回音読をしたらAのようにノートに書かせる。起立したが、他の人に譲った場合もAと書かせる。いくつもAが並ぶ子どももいるだろう。こうして、自分から音読をしたり他の人に譲ったりすることは大事なことであることを教える。

（中谷康博）

## （2） 説明文の扱い方

### ②段落の捉え方
### 問い・答え、筆者の主張の段落を見つける

説明文では、文章全体の構造を捉えるために、各段落が問い、答え、根拠、筆者の主張などのどれに当たるかを押さえることが必要になる。

**1 問いと答えの段落を見つける**

問いの段落と答えの段落を持つ説明文がある。「ありの行列」（大滝哲也／光村図書 国語三下 七八ページ）を例にする。

発問1 問いの文はどれですか。

一段落の「それなのに、なぜ、ありの行列ができるのでしょうか。」である。

発問2 問いの文だとわかる証拠は何ですか。

文尾に「か」があるから問いかけの形になっている。

発問3 問いの文に対する答えの文は何ですか。

九段落の「このように、においをたどって、えさの所へ行ったり、巣に帰ったりするので、ありの行列ができるというわけです。」である。

| | |
|---|---|
| 一段落 | 問い |
| 二～四段落 | 実験 |
| 五段落 | ウィルソンの仮説 |
| 六段落 | 観察 |
| 七～八段落 | 説明 |
| 九段落 | 答え |
| 十段落 | 補足 |

問いの段落と答えの段落を捉えることで、説明文で何を伝えたいのかがわかる。

## 2　筆者の主張を見つける

あることに対する筆者の見方・考え方を述べた文章は、実験や観察で実証するのではないので、文章の組み立て方が違っている。

「生き物はつながりの中に」（中村桂子／光村図書　国語六　二二六ページ）は、七つの段落に分かれている。

**発問4**　筆者が言いたいことは何段落に書かれているのですか。

六段落。

**発問5**　六段落で最も大事な文は、どれですか。

「生き物は、外の世界とつながり、一つの個体としてつながり、長い時間の中で過去の生き物たちとつながるというように、さまざまなつながりの中で生きていることが分かりました。」である。

**発問6**　筆者の言いたいことを短く一言でいえば、何ですか。

「生き物はさまざまなつながりの中で生きている。」となる。

この説明文では、筆者の主張は、六段落を読めばよいということになる。

筆者の主張の段落を見つけて、その主張の根拠となる段落の相互関係を捉えることで、説明文の内容を理解することができる。

一段落には、「そのちがいを考えながら、生き物の特徴をさぐってみましょう。」とあるので、「生き物の特徴は何ですか。」と言い替えて問いの文にすることができる。

その問いに対して、答えは、三～五段落になる。

途中の段落では、実験や観察などで答えの根拠を述べているという文章構造になっているといえる。

（中谷康博）

## （2）説明文の扱い方

### ③問いの文と答えの文の捉え方
### 問いと答えが対応しているか検討する

問いの文と答えの文を見つけさせたり足りないところを補わせたりすることで、文章の骨格となる部分を捉えることができる。

#### 1　問いの文を見つける

「天気を予想する」（大滝哲也／光村図書　国語五　一三八ページ）は、十の段落からなる説明文である。

> 発問1　問いの文があるのは、何段落ですか。

一段落、四段落、七段落である。

> 発問2　一段落の問いの文はどれですか。

「的中率は、どうして高くなったのでしょうか。」

> 発問3　それが問いの文であるといえる一文字は何ですか。

文末の「か」である。「か」が文末にあるとき、疑問形になるからである。「か」を○で囲ませる。

問いの文は、「〜でしょうか。」のように文末が疑問形になっていることがある。

また、「〜でしょう。」のように「か」が省略されていることもある。例えば、「どこがちがうのでしょう。」のようにである。その場合は、「か」を補わせる。

上記の説明文の四段落の場合の問いの文は、「では、さらに科学技術が進歩し、国際的な協力が進めば、天気予報は百パーセント的中するようになるのでしょうか。」である。

#### 2　答えの文を見つける

問いの文に対して、答えの文が書かれている段落がある。

上記の説明文の場合なら次のようになる。

> 発問4　一段落の問いの文に対する答えの段落は、どれですか。

二段落と三段落。

発問5　それぞれの答えの文はどれですか。

（二段落）一つは、科学技術の進歩です。

（三段落）もう一つの理由は、国際的な協力の実現です。

### 3　問いと答えを一致させる

問いの文と答えの文が必ずしも対応しているとは限らない。

例えば、問いの文が、「どうして」と尋ねているのに、答えの文が「〜です。」となっている。

この場合、「どうして」と尋ねたら、「〜からです。」と答えることを教えて、書き直しをさせることも必要である。

指示1　答えの文を書きかえて問いの文に対応させなさい。

「一つの理由は、科学技術が進歩したからです。」

「もう一つの理由は、国際的な協力が実現したからです。」

このように、問いの文と答えの文が必ずしも対応している場合ばかりではないので、書きかえをさせるなどして補完させる。

問いと答えをまとめると次のようになる。

| | |
|---|---|
| 問いの文 | 的中率は、どうして高くなったのでしょうか。 |
| 答えの文① | 一つの理由は、科学技術が進歩したからです。 |
| 答えの文② | もう一つの理由は、国際的な協力が実現したからです。 |

### 4　答えの文に対応した問いの文を作る

上記説明文では、五段落と六段落は、「現在の私の考え」の理由が書かれている。そこで、次のように発問をして問いの文を考えさせる。

発問6　五段落と六段落が答えの段落になるように問いの文を作りなさい。

「天気予報は百パーセント的中するのがむずかしいのはどうしてですか。」のような文になる。

問いの文と答えの文を見つけたり書き加えたりすることで、文章全体の構造が見えてくる。

（中谷康博）

## （2）説明文の扱い方
### ④要約文の作り方
### 三つのキーワードと体言止めで明確に

キーワードを見つけることで、子どもの書く要約文はほとんど同じになる。要約文を評定することで、初めは戸惑っていた子どももだんだんと書けるようになっていく。

**1　要約文を評定する**

「生き物は円柱形」（本川達雄／光村図書　国語五　四六ページ）を使って要約指導をする。

何度も音読をさせた後で次の発問をする。

> 発問1　一段落を二十字以内に要約しなさい。

ノートに書けたら見せにこさせて丸をつける。そして、板書をさせていく。

十人程度が板書したところで、十点満点で採点をしていく。キーワード一つにつき、三点である。三つのキーワードが正しくて文も正しければ、十点満点である。一文字でも二十字を超えたら、零点である。瞬時に評定していく。

> 発問2　黒板に書かれた要約文と点数を見て、気づいたことを言いなさい。

多くの子どもは、キーワードに気づく。

> 発問3　この言葉がなければ、この話が成り立たないという言葉は何ですか。

共通性、生き物、円柱形である。この三つが段落のキーワードである。この文章は、たくさんの生き物の共通性に関する記述なので、この場合、「生き物」を一番重要な言葉として捉える。

「生き物」を文尾にして体言止めで書き直しをさせる。

「円柱形という共通性を持つ生き物。」

同じようにして、二段落も要約させる。

要約文は「指・腕・足・首・胴体も体全体も円柱形。」となる。

キーワードは、指・腕・足・首・胴体で一つのまとまりと考えて、残りは体全体と円柱形である。

説明文の要約をする前に、桃太郎の要約を指導しておくと、子どもは理解しやすい。

「犬・サル・キジと鬼退治に行った桃太郎。」が要約文となる。

## 2　体言止めを指導する

キーワードをつなげて文を作らせるために、事前に体言止めの指導をして慣れさせておく。

発問4　「昨日、私は公園へ行った。」を「私」で終わる文に書き直しなさい。

「昨日、公園へ行った私。」

ノートを見せにこさせて丸をつけていく。

間違っていたら、×をつけてもう一度書き直しをさせる。子どもは、楽しそうに挑戦してくる。

発問5　「昨日」で終わる文に書き直しなさい。

「私が公園へ行った昨日。」が正解である。

「公園へ行った私は昨日。」には、×をつける。

発問6　「公園」で終わる文に書き直しなさい。

「昨日、私が行った公園。」

「私が昨日行った公園。」

今度は、簡単である。どんどんノートに丸をつけていく。このように、あらかじめ体言止めの指導をしておくことで、要約文を書くときに体言止めの文にすることに抵抗がなくなるのである。

【参考文献】「教室ツーウェイ」一九九一年二月号

（中谷康博）

## （2）説明文の扱い方

### ⑤筆者の考えの捉え方
### キーワード、キーセンテンスに着目する

説明文は、全文要約をすることで筆者の考えを捉えることができる。一つの段落に筆者の考えがまとめて書かれていることが多く、その段落を中心に要約をするとよい。

**1　全文要約をする**

「『鳥獣戯画』を読む」（高畑勲／光村図書　国語六　一三六ページ）の全文要約をさせる。

> 発問1　「『鳥獣戯画』を読む」を読んで全文を三十字以内で要約しなさい。

書けた子どもから見せにこさせ、次々に採点をしていく。キーワードがあっていれば、三点である。

クラスの半数ぐらいが見せにきたところで、板書をさせていく。

> 発問2　もっとも大切な一文は、どれですか。

もっとも大切な一文を見つけて線を引かせる。通常は、最初か最後の段落に大切な一文がある。

この文章の場合は、最後の段落がまとめになっている。「『鳥獣戯画』は、だから、国宝であるだけでなく、人類の宝なのだ。」である。

この「『鳥獣戯画』を読む」には、問いの文の形にはなっていないが、問いかけている文がある。

三段落の「なぜ漫画の祖とよばれているのか、この一場面を見ただけでもわかる。」である。

> 発問3　「なぜ漫画の祖とよばれているのか」に対する答えの文はどれですか。

答えの文は、最後の段落にある次の文である。

「世界を見渡しても、そのころの絵で、これほど自由闊達なものはどこにも見つかっていない。」である。「そのころ」とは、描かれてから八百五十年前である。この文が、二番目に大切な文である。

指示1　この文も付け加えて、全文を三十字以内でまとめなさい。

「八百五十年前の絵で最も自由闊達な、人類の宝である鳥獣戯画。」（二十九字）

このように、重要な段落から重要な一文を見つけさせ、それを補完する一文とで要約をする。

## 2　キーセンテンスをつなげる

キーセンテンスをつなげて筆者の考えを捉えることができる文章がある。

「話し合うために大切な言葉」（光村図書 二三年版五年 九八ページ）で、各段落のキーセンテンスを並べる。

一段落と二段落は、イラストの説明である。

発問4　三段落の中で最も大切な一文はどれですか。

「何かを話し合うときには、たがいの意見をしっかり聞き合うことが必要です。」である。

同じようにして、他の段落もキーセンテンスを選んでいく。

選んだキーセンテンスだけを並べて読むと、筆者の考えが捉えやすくなる。

例えば、四段落と五段落は、それぞれ、次の文である。「まず使ってみたいのは、たずねる言葉です。」「次に必要な言葉は、相手の言うことを『理解した』ということを伝える言葉です。」

このように、最後の八段落までキーセンテンスを並べていく。

キーセンテンスを続けて読むことで、筆者の考え方のポイントがはっきりしてくるのである。

（中谷康博）

## （3）漢字教材の扱い方
### 「漢字の広場」の扱い方 子どもが熱中する文章作り

光村図書の「漢字の広場」は、どの学年も年間五、六回指導するように配当されている。

前の学年に習った漢字を使って、文や文章を書かせることをねらいとしている。

漢字指導ではなく、作文指導なのである。

**1 場面を限定する**

どの学年のどのページも情報量が多い。

例えば、五年「四年生で習った漢字1」では全部で二十二個の熟語が詰め込まれている。

これをこのまま文に書かせても混乱するだけである。必要な部分だけが見えるように手で隠したり、白い紙を置いたりする。

ここでは、右上の絵だけが見えるようにする。

まずは、情報量を少なくするために、場面を限定することが大切だ。

> 先生のあとについて、読みなさい。
> 「最新」「季節」「案内図」

漢字に指をおきながら、読ませる。

**2 口頭で発表させる**

いきなり書かせるのではなく、口頭で行う。

> 「百科事典」という言葉を使って簡単な文を作りなさい。

数人指名して、発表させる。

「百科事典で勉強する。」「百科事典を開く。」等が出るだろう。「百科事典」が使われていればよい。

必ず、ほめる。

> 今のように、どの熟語でもいいので、一つ選んで文を作ります。お隣同士、言い合ってごらん。

一斉に話し始める。文にできない子は、隣の子の文を聞いて、参考にすればいい。

> 発表できる人。

「本を借りる。」「伝記を読む。」「席で静かに本を読む。」

発表を聞きながら、途中で子どもたちが、次の質問をしてくるはずだ。

> 熟語を二個三個使って文を作っていいんですか。

もちろんいい。教師はびっくりして、大いにほめる。「案内図は便利です。」「司書に借りる本をわたす。」「最新の歴史や戦争の本をさがす。」

### 3　ノートに書かせる

> 今、考えた文をノートに書きなさい。友達の発表を参考にしていいんですよ。

使った熟語は教科書に斜線を入れて、チェックを入れる。すべての熟語を使えば、終了である。

一文で一つの熟語なら、二十六の文になる。

やんちゃ坊主は、一つの文の中にたくさんの熟語を入れようとするはずだ。みんなの前で紹介する。笑いが起きて、一躍ヒーローとなる。

### 4　文章を得点化する

さて、これで終わってもいいが、このページでは、次のように課題が設定されている。

> 本の場所や図書館の使い方などについて説明しましょう。

これをこのままやってもおもしろくない。

次のように得点化すると、子どもたちは熱中して書くはずだ。

谷和樹氏の追試である。

> このページに出ている漢字を使って図書館のお仕事をします。その仕事を日記に書きます。
>
> できるだけ長い日記にします。一文字一点です。五十字で五十点です。教科書に出ている熟語を使ったら、一つにつきボーナス五点です。

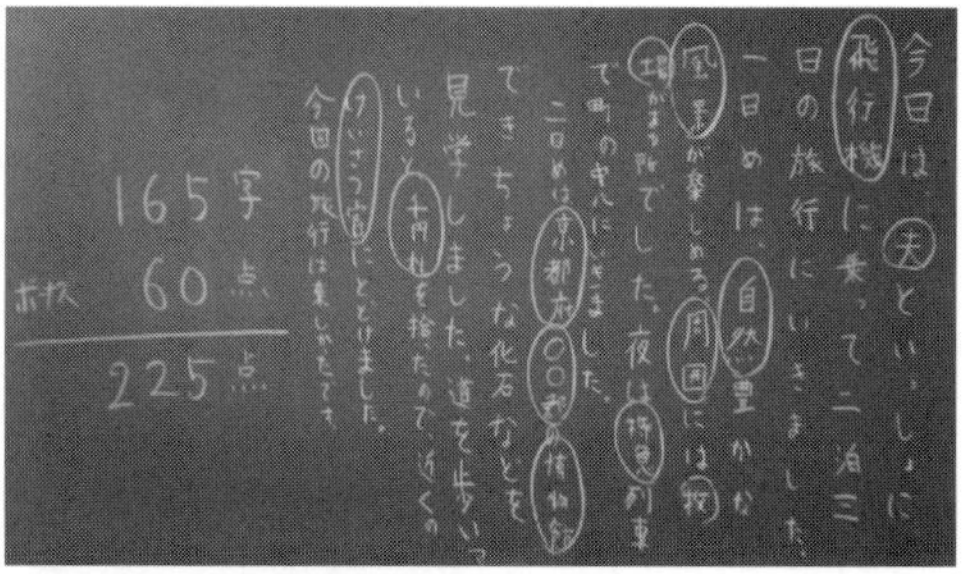

長く書けた子の作文を採点する

できるだけ長く書こうとするはずだ。

数名に板書させる。

板書した子の文章を代表で採点する。

ボーナスの熟語は色チョークで囲むとわかりやすい。あとは、自己採点である。

最高得点の子に発表させて終了する。

（榎本寛之）

## （4）作文教材の扱い方

### ①モデルを示すだけで激変する作文指導

運動会のあとの作文指導である。

「書きなさい。」とだけ言っても、なかなか書き出せないものである。写真があれば数枚示し、視覚支援してやることも必要だ。

> 指示1　運動会のことを作文にします。はじめの一文を書いてごらんなさい。

早く書いた子四人に板書させ、読ませる。

A　五月二十五日土曜日に運動会がありました。
B　ぼくは、土曜日、運動会でした。
C　五月二十五日は、まちにまった運動会です。
D　チュン、チュン、チュン、朝からすずめが鳴いています。

一つ発表させるごとに、「これと同じような人、手を挙げてごらん。」と聞く。

> 指示2　これに、十点満点で、点数をつけてもらいます。ABCDです。

一つずつ挙手で確認する。

> 指示3　先生は、何点をつけると思いますか。

これも、一つずつ挙手で確認する。

> 指示4　先生は、どうつけるか。その前に、作文を比べます。一つは、このクラスのだれかの作文。もう一つは、ずっと前に先生が受け持った人の作文です。どう違うかな。

このクラス。「五月二十五日土曜日に運動会がありました。」

前のクラス。「いくぞ。この声援がかかった時である。みんなの顔を一瞬見た。」

このクラス「ぼくは、土曜日、運動会でした。」

前のクラス。「『あっ』わたしのチームの子が転んだ。」

このクラス。「五月二十五日は、まちにまった運動会です。」

前のクラス。「赤は白より三点勝っている。あとは高学年リレーで決まる。そう思ったとたん、急に緊張してきた。」

　クラスの子どもの作文と以前の子の作文（ここでは向山学級の子の作文）とを交互に読んでいく。

**指示5**　今、聞いた感想を書きなさい。

　次次次……と発表させる。

「前のクラスは、最初から大切なことを書いている。」

「前のクラスは、心に残ったところから書いている。」

**発問1**　どちらの方がいいですか。

　全員が前のクラスだという。

**説明1**　みなさんのような書き出しの作文は一点。みんな同じになってしまいます。

**発問2**　それでは、書き出しはどういうものがよかったのでしょう。

　一番心に残ったところから書き出す。

　感情がこもっている。

**指示6**　自分が一番印象的、ハラハラ、ドキドキした、コンチクショウと思った、その一番の中心から、ずばり書き出しなさい。書き出しの一文でいいです。

　こうして、もう一度書かせる。書けた子から持ってこさせ、読み上げる。そして、点数をつけていく。子どもたちの作文は、次次次……と、モデルを示すだけで激変する。作文は、クライマックスから書かせる。書き出しの一文で半分が決まる。

　多くの場面で応用が可能である。

【参考文献】「実録！　向山洋一の授業　運動会の作文」『教育トークライン』一九九四年二月号、東京教育技術研究所　http://www.tiotoss.jp/

（山口　収）

## （4）作文教材の扱い方

### ②原稿用紙の使い方は「向山式二〇〇字作文ワーク」で完璧マスター

TOSSランドの「向山式二〇〇字作文ワーク『原稿用紙の使い方ワーク』を使った授業」を活用すれば、原稿用紙の使い方が身につきやすい。

(http://tos-land.net/ よりNo.1116170)

「原稿用紙の使い方ワーク」の構成は次の通り。

1　書き出しの一マス空け
2　句読点の位置（句読点も一マス使う。）
3　ぶらさがりの句読点
4　会話の「　」・ぶらさがりの「　」
5　会話の「　」の改行・内心語の「　」
6　まとめ

「題名の位置」「名前の位置」の学習も必要である。

（「低学年用・原稿用紙の使い方ワーク」あり）

説明1　まずは題名からです。
「題名」は二～三マス空けて書きます。
教師は正解を教師用黒板に書きこんでいく。

子どもたちは、視写しながら学んでいく。

指示1　正しく書けた子は手を挙げなさい。

できた子を大きくほめる。教えてほめることが基本である。

指示と短い説明をセットにして、子どもたちに作業させながら指導していく。

ポイントを列挙する。

①題名は1行目、上から2、3マス空けます。
②名前は苗字と名前の間を一マス空けます。最後の一マスが空くように書きます。
③書き出しは一マス下げて書きます。
④句読点は、一マスに一つずつ書きます。
⑤会話文は改行して書きます。
⑥内心語の「　」は改行しません。
⑦行の最後のマスに、文字と読点をいっしょに書きます。（ぶらさがりの読点）
⑧行の最後のマスに句点とかっこ閉じを書きます。（ぶらさがりのかぎかっこ）

子どもたちは、実際に書きながら学んでいく。教師が一度説明したからといって、身につくものではない。

そのため、折にふれてチェックが必要である。

原稿用紙の使い方を教えれば、あとはどんなテーマで書いても「原稿用紙の使い方」の復習になる。これはゲーム感覚で行うとよい。

観点は、これまで示した八つ。一つ十点で、何点とれたかを見る。さらに、

⑨マスからはみ出さずに書く。
⑩丁寧な文字で書く。

ことができていれば、百点満点になる。

何点とれたか、楽しい雰囲気の中、確かめていく。

自動車の工場で働いています。

間に一台の自動車ができる。」
のを聞いて、ぼくは、「すご

子どもたちには、できたことをどんどんほめ、身につけさせていく。できたことで自信を持たせる。

作文教育は二つの柱から成り立つと、向山洋一氏は言う。（『教室ツーウェイ』一九九二・八月号）

A　書きたいことをいっぱい書かせる。
B　基本的な技能を身につけさせる。

Aの「書きたいことをいっぱい書かせる。」ことは、何でもいいから書かせるのではなく、テーマを検討し、子どもたちが書きたくなるものを与える必要がある。教科書の例文がそれに当たる。

楽しい授業の作文も、書きたくなる題材である。

Bの「基本的な技能」は、授業でしっかり扱う必要がある。「向山式二〇〇字作文ワーク」は、この技能を学ぶ学習に最適である。

（山口 収）

## （5）短歌や俳句の扱い方

### ①音読の方法
### 切れ字に着目して読む

俳句の切れ字は区切れを表すだけでなく、強調や感動を表すことを教える。

次の俳句（光村図書　国語三上　五一ページ）を板書する。

閑かさや岩にしみ入る蟬の声　　松尾芭蕉

作者名にはふりがなを打った。

「読んでみましょう。」と言うと、「読めない。」という子どもの声が上がる。

「読めない漢字は、どれですか。」と聞くと、「閑・蟬・一茶」が出た。

「閑かさ（しずかさ）」、「蟬（せみ）」「一茶（いっさ）」を教え、一度ずつ読ませた。

指示1　ノートの一行目に俳句、二行目の下に作者名を書きます。

書き終わった人は、何度も読ませた。

説明1　五・七・五の十七音でできている詩を俳句と言います。

（板書）　俳句（はいく）　五七五　十七音

全員で板書を一回読んだ。

指示2　五七五のリズムになるように、指を折りながら読んでごらんなさい。

全員→男女交代→三人の子どもたちの順番に読ませ、五七五のリズムになっていることを確かめる。

**指示3　俳句の作者松尾芭蕉が、何に感動したのでしょうか。ノートに書きなさい。**

「蟬の声」がほとんどだった。「岩」「しずかさ」という子どもがいた。

理由をたずねた。

①**蟬の声**　山の中で、蟬の鳴く声が遠くから聞こえてきて、静かな感じだから。

蟬の声しか聞こえないから。

②**岩**　大きな岩に小さな蟬がとまって鳴いているから。

②**閑かさ**　蟬の声が、大きな岩の向こうで聞こえて、しずかだから。

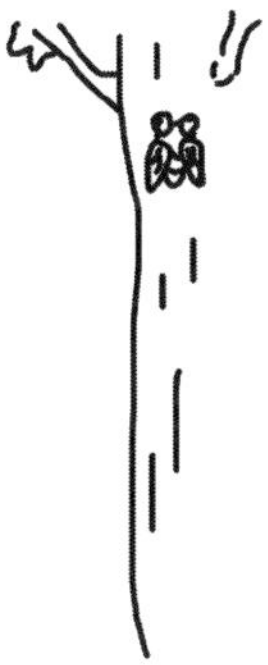

**説明2　松尾芭蕉は、「閑かさ」に感動しました。それは、ある一文字がついているから、わかるのです。**
**発問1　なんという文字ですか。**

「わかった」という声があちこちから上がった。

板書した俳句「閑かさや」の「や」を赤チョークで囲んだ。

**説明3　そうです。「や」です。「閑かさ」に「や」がついています。それで、閑かさに感動したことを表しているのです。この「や」を「切れ字」（板書）と言います。**
**指示4　みんなで「切れ字」と言ってごらんなさい。**

最後に暗唱できるまで読んで終わった。

（川口達実）

## （5）短歌や俳句の扱い方

### ②季節の捉え方
### 易から難への原則でややこしい季節も納得

俳句を次の順で提示すると、子どもたちは季節・季語を簡単に見つけることができた。

1　季節を直接示す言葉がある俳句
2　季節がわかる季語のある俳句
3　季節を間違えやすい俳句

**1　季節を直接示す言葉がある俳句**

次の俳句と作者名を板書した。

春の海終日のたりのたりかな　与謝蕪村

指示1　三回読んだら座ります。

俳句は五七五のリズムであることを話した。句切れに線を入れて読ませた。

発問1　季節はいつですか。ノートに書きなさい。

春である。

説明1　季節を表す言葉を「季語」と言います。

「季語」と言わせノートに書かせた。

発問2　春だとわかる言葉は何ですか。

指示2　「春」の下に一マス空けて書きなさい。

季節と季語が対応しているように書かせる。

ある子が「春の海」と答える。「春の海です。赤鉛筆で丸をつけます。」と指示する。
（ノートの例）　春　春の海
以下、他の俳句も次のように進める。

①俳句を板書して、音読させる。
②季節を発問し、ノートに書かせ、発表させる。
③季語を発問し、ノートに書かせ、発表させる。

夏河を越すうれしさよ手に草履　与謝蕪村

発問3　季節はいつですか。（夏）
発問4　季語は何ですか。

ある子が、「簡単！　夏河です。」と発表した。
次の二句を一度に板書して、同様に行う。

くろがねの秋の風鈴鳴りにけり　飯田蛇笏
冬菊のまとふはおのが光のみ　水原秋桜子

前句「秋—秋の風」、後句「冬—冬菊」となる。全員が正解した。

## 2　季節がわかる季語がある俳句

二句ずつ（①②、③④）板書した。

①菜の花や月は東に日は西に　与謝蕪村
②やれうつな蠅が手をすり足をする　小林一茶
③柿くえば鐘が鳴るなり法隆寺　正岡子規
④雪とけて村いっぱいの子どもかな　小林一茶

①「春—菜の花」②「夏—蠅」③「秋—柿」④「冬—雪」

## 3　季節を間違えやすい俳句

季節を間違えやすいので、一句ずつ板書する。

①五月雨や大河を前に家二軒　与謝蕪村
②七夕や母に素直な中学生　波多野爽波
③我と来て遊べや親のない雀　小林一茶

①「五月雨—春」②「七夕—夏」と全員が間違えた。③「雀」は一年中いるからと季節がバラバラだった。（正答は①夏②秋③春である）（川口達実）

## （6）詩の扱い方

### ①音読の方法
### 変化のある繰り返しで音読し、暗唱させる

詩教材では、繰り返し音読をさせ、どの子もすらすらと読めるようにすることが大切だ。音読の方法を具体的に紹介する。

**1 絶対に外してはいけないポイント**

| 変化をつけながら繰り返し音読させる。 |
|---|

ことがポイントである。

繰り返し音読することで、子どもたちは詩のリズムを体感し、さまざまな表現技法を学ぶことができる。

**2 音読の方法**

音読の方法は大きく分けて二つある。

**①自分のリズムで読む**

自分のリズムで読ませることで、読み方に違いが出てくる。この読み方の違いを取り上げ授業することができる。

例えば以下のような指示がある。

| 指示1　自分のリズムで一回読んだら座りなさい。 |
|---|

座った子には、自分で何回も読んでおくように指示する。

全員が座ったのを確認して次の指示を出す。

| 指示2　四列目、起立。前の人から読んで、読んだら座りなさい。 |
|---|

列指名で一人ずつ読ませていく。教師は、一人一人の読みの違いを聞き取っておくことが大切だ。

一字空けのところをどう読んでいるか、どこで区切って読んでいるか等を取り上げ、授業をすると知的な授業になる。

音読する子どもたち

一字空けのところはひと呼吸分空けて読ませる。

これを最初から教えてしまってはおもしろくない。

読み方を評定することで、子ども自身に気づかせていく。以下のように進める。

指示3　この詩を一人ずつ読んでもらいます。先生はそれに十点満点で点数をつけます。二列目、起立。

このように指示を出し、前の子から順に読ませていく。

そして、点数をつける。一字空けが空いていれば点数を高くする。そのまま続けて読む子は一点や二点をつける。

点数をつけていると子どもたちも気づいて、もっと読みたいというようになる。普段活躍できない子が高得点をとったりして逆転現象が起きる。

### ②全体で読む

クラス全体で読む方法は、読みの苦手な子に優しい授業方法である。

指示4　先生の後に続いて読みます。

まずは一行ずつ追い読みをする。

指示5　次は一行交代読みです。

教師と子ども、隣同士、グループで交代読みをする。他にも一回一回読む向きを変える方法もある。読む回数を増やしたい時に有効な方法である。

（村上 元）

## （6）詩の扱い方
## ②なりきり作文で擬人法は簡単に理解できる

### 1　擬人法を使った詩を取り上げる

教科書に載っている詩で、擬人法が使われている詩が出てきたときに、次のように問う。

> 発問1　この詩でおもしろいところはどこですか。お隣同士で話し合いましょう。

擬人法という名前は知らなくても、そのよさやおもしろさを捉えることはできる。

> 説明1　このように人間以外のものを人間にたとえて書くことを擬人法と言います。

### 2　「なりきり作文」で擬人法をマスターする

詩を使って擬人法の学習をした後、なりきり作文を書かせる。次のように指導していく。

> 説明2　今日は擬人法を使って「なりきり作文」を書きます。

書き出しを紹介する。

> 指示1　「ぼくは、○○です。」という文で書き始めます。○○のところには人間ではないものを入れます。例えば、「ぼくは鉛筆です。」とか、「ぼくは猫のタマです。」というように書きます。

一文書けたら持ってこさせる。そして、大きく丸をつけてほめる。

最初の数人の文は、教室中に聞こえるように、読み上げる。そうすると、何を書いていいかわからない児童も、それを聴いてまねして書くことができるようになる。

指示2　先生に丸をもらった人は、続きを書いていきます。

（例）①　ぼくは、消しゴムです。消しゴムを作る工場で生まれました。名前はまだありません。ぼくは、お店では百円で売られていました。ある日、元気な男の子に買ってもらいました。

②　わたしはお花です。赤い赤いお花です。小さな女の子がわたしを指さして、「お母さん、この花とてもきれいね。」と言いました。お母さんも、「ほんとうね。とてもきれいね。」と言いました。わたしは正直な親子だなと思いました。

向山学級の児童は、擬人法などのレトリックを学んだ後、次のような短作文を書いている。小学五年生の作品である。

風　渡辺満

夜空から、ヒューと葉を吹き飛ばし暗い道を通る。人のいない公園に、風は遊んでいる。風はブランコをギィーッとゆらして遊んでいる。砂場の砂を吹き飛ばして遊んでいる。古い電燈に照らされ風は遊んでいる。

風を人にたとえた見事な作文である。「遊んでいる」という言葉が繰り返され、リフレインの効果もある。

ＴＯＳＳランドにアップされている「向山式200字作文ワーク『擬人法ワーク』を使った授業」（村野聡）はおすすめである。

（村上　元）

## （6）詩の扱い方

### ③リフレインの捉え方
### リフレインを使って実際に詩を作る

### 1 リフレインの捉え方

次のように問う。

> 発問1　この詩で同じ言葉が繰り返し出てくるところはどこですか。

繰り返しの言葉に注目させる。

> 説明1　このように同じ言葉を繰り返すことをリフレインと言います。

リフレインを使って短い文や詩を書かせる。

### 2 授業展開例

私は、四つの手順で授業を進めた。

**①繰り返し音読**

光村図書（こくご二下　七八ページ）、三学期教材に「見たこと、かんじたこと」という単元がある。

さかたひろおやまど・みちおの詩など三つの詩が載っている。まずは、繰り返し音読をさせた。

**②視写と個別評定**

次に、丁寧な字で、そっくり同じように視写させた。

> 指示1　今から、「ペンペン草」という詩をそっくり同じようにノートに写します。先生は、それにA、B、Cをつけていきます。丁寧に書けていればAです。雑な字はCでやり直しになります。

とても集中して、シーンとした状態で書けていた。

繰り返し音読すること、視写することによって、リフレインを体感することができる。

### ③お手本をまねする（パロディー）

次に、「きんぎょのあぶく」（のろさかん／光村図書二三年版こくご二下　七二ページ）という詩をまねて詩を書かせた。

> 指示2　今から「きんぎょのあぶく」という詩をまねして、詩を書きます。まずは題名です。「○○の○○」というように題名を書きなさい。ぼくの弟でもいいし、お父さんのひげでもかまいません。題名が書けたらもってきなさい。

局面を限定して、一部分だけ考えさせる。

いきなり詩全部を書かせると書けない子がたくさん出てくる。

題名だけならどの子でも書ける。

> 細分化の原則を使って、題名→書き出し文→二文→全文とステップごとに書かせる。

細分化することでクラスの全員が書けた。

> 指示3　「きんぎょのあぶく」では、「ぷくぷくぷくん」という言葉が何回も出てきましたね。このようなリフレインの言葉を書けたら持ってきます。

持ってきた児童から黒板させる。書けない子は板書を写す。

### ④書けた詩を発表する。

書けた子には発表練習をさせておく。

できた詩は、学級通信で保護者に紹介する。

（村上　元）

◎**執筆者一覧**

松藤　司　大阪府公立小学校
東田昌樹　熊本県公立小学校
星野裕二　福島県公立小学校
野崎史雄　福島県公立小学校
村上　睦　福井県公立中学校
越智敏洋　京都府公立小学校
青木勝隆　和歌山県公立小学校
小井戸政宏　岐阜県公立小学校
中谷康博　大阪府公立小学校
榎本寛之　兵庫県公立小学校
山口　収　兵庫県公立小学校
川口達実　富山県公立小学校
村上　元　大阪府公立小学校

◎**協力**

教学図書協会
光村図書
東京書籍
教育出版
東京教育技術研究所
光村教育図書
日本文藝家協会
日本ビジュアル著作権協会
日本ユニ・エージェンシー
日本音楽著作権協会
東京大学大学院農学生命科学研究所
アスクミュージック
各著作権者
正進社

※著者名並びに作品名は本文中に記載させていただきました。

参考文献中のTOSSランドナンバーに続く（旧）の表記は、その文献が旧TOSSランド（2005年版）のものであることを示します。

TOSSランド　http://www.tos-land.net/
TOSSランド（2005年版）※旧TOSSランド
http://acv.tos-land.net/

〈お問い合わせ〉TOSSランド事務局
〒142-0064 東京都品川区旗の台2-4-12
TOSSビル　TEL 03-5702-4450

◎監修者紹介

向山 洋一（むこうやま よういち）

東京都生まれ。1968年東京学芸大学卒業後、東京都大田区立小学校の教師となり、2000年3月に退職。全国の優れた教育技術を集め、教師の共有財産にする「教育技術法則化運動」TOSS（トス：Teacher's Organization of Skill Sharingの略）を始め、現在もその代表を務め、日本の教育界に多大な影響を与えている。日本教育技術学会会長。

◎編集者紹介

松藤 司（まつふじ つかさ）

1954年大阪に生まれる。関西大学経済学部卒業。公立小学校の教員を30年以上勤める。明治図書より『松藤司の知的授業づくり』シリーズ他多数出版。学芸みらい社より『先生も生徒も驚く日本の「伝統・文化」再発見』出版。皇學館大学非常勤講師「教員免許更新講座」担当。民間教育団体TOSS会員。日本教育技術学会会員。親学アドバイザー。

新法則化《しんほうそくか》シリーズ
「国語《こくご》」授業《じゅぎょう》の新法則《しんほうそく》　基礎基本編《きそきほんへん》

GAKUGEI MIRAISHA

2015年4月27日　初版発行

企画・総監修　向山洋一
編集・執筆　TOSS「国語」授業の新法則 編集・執筆委員会
（代表）松藤 司
企画推進コーディネイト　松崎 力
発行者　青木誠一郎

発行所　株式会社 学芸みらい社
〒162-0833 東京都新宿区箪笥町43番 新神楽坂ビル
電話番号 03-5227-1266
http://www.gakugeimirai.com/
E-mail : info@gakugeimirai.com
印刷所・製本所　藤原印刷株式会社
ブックデザイン　荒木香樹
カバーイラスト　水川勝利

落丁・乱丁本は弊社宛お送りください。送料弊社負担でお取り替えいたします。



ISBN978-4-905374-47-3 C3037

# 授業の新法則化シリーズ（全リスト）

| 書　　名 | ISBN コード | 本体価格 | 税込価格 |
|---|---|---|---|
| 「国語」　～基礎基本編～ | 978-4-905374-47-3 C3037 | 1,600円 | 1,728円 |
| 「国語」　～1年生編～ | 978-4-905374-48-0 C3037 | 1,600円 | 1,728円 |
| 「国語」　～2年生編～ | 978-4-905374-49-7 C3037 | 1,600円 | 1,728円 |
| 「国語」　～3年生編～ | 978-4-905374-50-3 C3037 | 1,600円 | 1,728円 |
| 「国語」　～4年生編～ | 978-4-905374-51-0 C3037 | 1,600円 | 1,728円 |
| 「国語」　～5年生編～ | 978-4-905374-52-7 C3037 | 1,600円 | 1,728円 |
| 「国語」　～6年生編～ | 978-4-905374-53-4 C3037 | 1,600円 | 1,728円 |
| 「算数」　～1年生編～ | 978-4-905374-54-1 C3037 | 1,600円 | 1,728円 |
| 「算数」　～2年生編～ | 978-4-905374-55-8 C3037 | 1,600円 | 1,728円 |
| 「算数」　～3年生編～ | 978-4-905374-56-5 C3037 | 1,600円 | 1,728円 |
| 「算数」　～4年生編～ | 978-4-905374-57-2 C3037 | 1,600円 | 1,728円 |
| 「算数」　～5年生編～ | 978-4-905374-58-9 C3037 | 1,600円 | 1,728円 |
| 「算数」　～6年生編～ | 978-4-905374-59-6 C3037 | 1,600円 | 1,728円 |
| 「理科」　～3・4年生編～ | 978-4-905374-64-0 C3037 | 2,200円 | 2,376円 |
| 「理科」　～5年生編～ | 978-4-905374-65-7 C3037 | 2,200円 | 2,376円 |
| 「理科」　～6年生編～ | 978-4-905374-66-4 C3037 | 2,200円 | 2,376円 |
| 「社会」　～3・4年生編～ | 978-4-905374-68-8 C3037 | 1,600円 | 1,728円 |
| 「社会」　～5年生編～ | 978-4-905374-69-5 C3037 | 1,600円 | 1,728円 |
| 「社会」　～6年生編～ | 978-4-905374-70-1 C3037 | 1,600円 | 1,728円 |
| 「図画美術」　～基礎基本編～ | 978-4-905374-60-2 C3037 | 2,200円 | 2,376円 |
| 「図画美術」　～題材編～ | 978-4-905374-61-9 C3037 | 2,200円 | 2,376円 |
| 「体育」　～基礎基本編～ | 978-4-905374-71-8 C3037 | 1,600円 | 1,728円 |
| 「体育」　～低学年編～ | 978-4-905374-72-5 C3037 | 1,600円 | 1,728円 |
| 「体育」　～中学年編～ | 978-4-905374-73-2 C3037 | 1,600円 | 1,728円 |
| 「体育」　～高学年編～ | 978-4-905374-74-9 C3037 | 1,600円 | 1,728円 |
| 「音楽」 | 978-4-905374-67-1 C3037 | 1,600円 | 1,728円 |
| 「道徳」 | 978-4-905374-62-6 C3037 | 1,600円 | 1,728円 |
| 「外国語活動」（英語） | 978-4-905374-63-3 C3037 | 2,500円 | 2,700円 |

学芸を未来に伝える
学芸みらい社
GAKUGEI MIRAISHA
株式会社 学芸みらい社（担当：横山）
〒162-0833 東京都新宿区箪笥町43番 新神楽坂ビル
TEL 03-5227-1266　FAX 03-5227-1267
http://www.gakugeimirai.com/
e-mail info@gakugeimirai.com